独特的乡村文化形态

——竹坝农场

戴嘉树 吕明纯 郑敬夫◎著

Wuhan University Press
武汉大学出版社

图书在版编目（CIP）数据

独特的乡村文化形态：竹坝农场 / 戴嘉树，吕明纯，郑敬夫著 . — 武汉：武汉大学出版社，2021. 11

ISBN 978-7-307-22557-2

Ⅰ. 独… Ⅱ. ①戴… ②吕… ③郑… Ⅲ. 华侨农场—概况—同安区

Ⅳ. F324.1

中国版本图书馆 CIP 数据核字（2021）第 182359 号

责任编辑：黄朝昉　　责任校对：孟令玲　　版式设计：中北传媒

出版发行：武汉大学出版社　（430072　武昌　珞珈山）

（电子邮箱：cbs22@whu.edu.cn　网址：www.wdp.com.cn）

印刷：三河市天润建兴印务有限公司

开本：710×1000　1/16　　印张：12.75　　字数：185 千字

版次：2021 年 11 月第 1 版　　2021 年 11 月第 1 次印刷

ISBN 978-7-307-22557-2　　定价：56.00 元

时代的缩影（序）

李泉佃

作为地处厦门的高校，近年来集美大学乡村文化研究中心团队在戴嘉树主任的带领下，将乡村文化的研究投向厦门市同安区，在同安区委区政府的支持下，启动“同安乡土文化丛书”大型系列丛书编撰工作。目前他们已编撰了三本，分别为《脱贫致富的乡村典范——军营村》《特区高山样板——白交祠村》《独特的乡村文化形态——竹坝农场》，并已陆续付梓。

利用辛丑年春节假期，我把这套近70万字的著作浏览了一遍，深感这是一套紧扣时代脉搏，客观、系统、全面地反映军营村、白交祠村和竹坝农场（竹坝华侨农场）这三个村（场）的自然、政治、经济、社会、人文诸方面的历史与现状的佳作。

“同安乡土文化丛书”主笔戴嘉树主任让我作一篇序。同安是我的第二故乡，而且于我而言，缘分就是一次奇妙的旅行，让我与同安再次交集；我对同安的情况应当说是有所了解，比如，书中着墨的军营村、白交祠村、竹坝农场等，我曾数次踏足；但要真正落笔写序，仍是颇费思量。考虑许久，我觉得还是从书中写到的三个村（场）和“同安乡土文化丛书”两个方面简约谈一点自己的感受。

首先，三个村（场）是同安区十分寻常的村庄。论面积、人口，三个村（场）在同安区的80余个行政村中，都不算大、不算多；论经济实力，它们也远不及同安区的一些沿海村；论知名度，它们在相当长的时间里，也是榜上无名，或者叫“养在深闺人未识”。尤其是军营村、白交祠村，虽然它们是厦门市海拔最高的行政村，但在人们的印象中，也不过是同安区西北部偏僻的山旮旯。

当然，与全国无数个乡村一样，沐浴着改革开放的春风，三个村（场）同样行进在中国特色社会主义的康庄大道上；那里的村民（场员）也和亿万中国农民一样淳朴善良，用勤劳的双手，一天天改变着村（场）的面貌。

但是，三个村（场）又是同安区非同寻常的村庄。

一个众所周知的原因是，军营村、白交祠村是让习近平总书记牵肠挂肚的两个山村。

历史不会忘记，1985 年 6 月，习近平同志从河北省正定县委书记的岗位上调到厦门工作，担任中共厦门市委常委、副市长。在厦门工作期间，习近平同志直接挂钩联系厦门市最边远、最贫困的老区山区村——莲花镇军营村和白交祠村。

1986 年 4 月 7 日，习近平同志沿着弯弯曲曲的羊肠小道，风尘仆仆地首次来到军营村、白交祠村访贫问苦，与村干部共商脱贫致富大计，提出了“山上戴帽、山下开发”的全新发展理念。

1998 年 10 月 16 日，时任中共福建省委副书记的习近平同志再次走进军营村、白交祠村，提出要搞好教育，提升村民文化水平；大力发展经济，提高村民收入水平。

习近平同志到中央工作之后，仍然时常挂念厦门老区边区的发展情况。2010 年春节，时任中央政治局常委、中央书记处书记、国家副主席的他，还专门向厦门市领导询问了军营村、白交祠村的发展情况。

习近平同志的两次视察和多次关心，为军营村、白交祠村的发展指明了方向。30 多年来，两个村子的人民遵循习近平总书记的谆谆教诲，发挥艰苦奋斗、自力更生的精神，走上了经济、文化、社会全面快速发展的快车道，成为福建省和厦门市“百姓富、生态美”的明星村庄和新农村建设的典范村庄。

竹坝农场之所以成为明星村庄，一个鲜为人知的原因是它的特殊性。20 世纪 60 年代以来，这个仅十多平方千米的农场，担负着特殊的使命，陆续安置了来自印尼、越南、柬埔寨、泰国、缅甸、新加坡、马来西亚、菲律宾的 5000 多名归侨，所以，竹坝农场一度被称作华侨农场，但几乎长期不为外人所知；20世纪70年代、90年代，竹坝农场还先后安置了山美水库和三峡水库的移民。华侨带来了异国的风情舞蹈、南洋美食、斑斓服饰、风土人情，以及有别于本土的人体、语言等特征，对于研究东南亚国家的民俗文化，领略异国风情具有重要的意义；而其他省份的移民也带来了当地的民风民俗。侨民、移民、原住民的交融，形成了竹坝农场独特的乡村文化形态。

当然，我更愿意将"同安乡土文化丛书"看作三个村（场）的演变史。

在我看来，乡村文化人，应该深植于乡村厚土，懂得农民的喜乐哀愁，有着强烈的文化自觉和历史使命感，这样才能让文化"留下来"。作为一部演变史，"同安乡土文化丛书"有着厚重的历史感。

"同安乡土文化丛书"按照详今略古的原则，全面记述了三个村（场）自然、政治、经济、文化、社会等各个方面的历史与现状，史料翔实，内容全面，文笔洗练；书中有自然演变、农事活动、时代更迭、民风民俗、家族谱系、历史事件、历史古迹、人物传略等内容，可以说是一套完全符合一般志书要求的乡村志。

有关军营村、白交祠村的历史，"同安乡土文化丛书"就提及，明末清初，郑成功以控制东南沿海地区的海外贸易为经济基础，以厦门、金门为抗清复明的基地，修筑了多处城寨作为驻扎和训练军队的营地，如高崎寨、嘉兴寨、集美寨、龙头山寨等，成为这一时期厦门城寨的一个特点。近年来，人们在厦门同安区莲花镇西北部的军营村、白交祠村等村落相继发现许多古寨遗址和废弃的烽火台，更有甚者在军营村中发现了埋藏很久、类似明清年代的喂马槽，不禁让人对军营村的名称由来与郑成功安军扎营的历史联系产生了无限遐想。

尤其是对于军营村名称的由来，有很多种说法，但却无人可以拿出确切依据。为此，"同安乡土文化丛书"的作者走访了当地老人，据他们回忆，该村建村历史应该可以追溯到四五百年前，恰好与明末清初这个时间节点吻合，虽然现存的相关记载和历史遗物已经很难考证，但"同安乡土文化丛书"作者大胆地做出以下分析：军营村位于同安区莲花镇西北部，与漳州长泰、安溪大坪成掎角之势，紧邻南安市，地理位置十分突出，可想而知作为当初东南沿海地区防御的军事基地的可能性非常大。况且军营村村庄坐落处地势平坦，视野开阔，非常适宜驻扎军队和作为训练军队的营地；再加上周边地势高峻险要，易守难攻，是军队安营扎寨的理想选择。

相对而言，竹坝农场的史料就比较欠缺了。2006 年，我还在报社工作期间，曾读过《华声报》上的一篇文章，题目叫《在同安竹坝华侨农场的岁月》。作者写到，当时只有五六岁的他，随父母从印尼辗转广州，再到同安竹坝农场。当时，竹坝不见大树，只长茅草，一片光秃秃的山丘。农场硬是平整出一片片地来，并种上了日后成为农场支柱产业的龙眼树。为了解决孩子们的读书问题，先是借用当地废弃的养猪场，直至 1961 年，农场的大礼堂建好了，学校才搬回农场。当时的大礼堂，没有隔墙，从一年级到六年级，都挤在一块。到 1962 年，农场才有了真正意义上的小学。

诸此种种，"同安乡土文化丛书"作为学术性著述而非文学性作品，虽然无法描绘得更为丰满、细腻，但作者历尽艰辛，面对汗牛充栋的史料，或整理，或访谈，或口录，像从浩瀚大海里捞起了一枚枚贝壳，而这一枚枚精美的贝壳，则是三个村（场）宝贵的精神财富，是走出家乡远离故土的人们认识家乡、了解家乡的特殊礼物。特别是对后代子孙，"同安乡土文化丛书"就更是他们将来缅怀先人、寻根觅祖的可靠依据，仅凭这一点，我就对作者充满了深深的敬意！

一个时代有一个时代的文化。当代同安农村正经历着广泛而深刻的历史变革，也正在进行宏大而独特的脱贫攻坚和乡村振兴的实践创新。作为一部演变史，"同安乡土文化丛书"又呈现出鲜明的时代感。

军营村、白交祠村是古老而又年轻的村庄。两个村子位于厦门、漳州、泉州三市交界的地方，海拔 1000 米左右，云雾游离在重山之间，宁静雅致，舒爽怡人，人文资源、自然资源十分丰富。但在中华人民共和国成立前，漫长的封建统治，风雨飘摇，苛捐杂税繁多，留给村民的只是贫穷和荒凉；即使到了20世纪八九十年代，由于它们是全市海拔最高、最偏远的村子，仍然是厦门经济特区的偏僻穷山村。

同样，竹坝农场虽然素有“小联合国”之称，但从建场归属国务院侨联管理直至1997年下放到地方之前，农场的发展仍然以种植果树为主，仍然实行公社化时期的“一平二调”（即平均主义、无偿调拨）政策，产业发展单一，文化生活单调，职工生活也十分清苦。

改革开放后，尤其是党的十八大以来，三个村（场）认真学习贯彻落实习近平总书记关于脱贫攻坚以及乡村振兴系列重要讲话精神，尤其是遵循习近平总书记“乡村振兴既要塑形，也要铸魂”的重要指示，在推进乡村文化振兴“铸魂”的过程中，始终牢记产业兴旺、生态宜居、乡风文明、治理有效、生活富裕的总要求，致力于通过特色文化与现代农业的深度融合，走“农、文、旅”结合的绿色发展路径，催发“产业兴旺”这一乡村振兴核心动力，最终实现“生活富裕”的乡村振兴目标。

以竹坝农场为例，党的十九大后，他们与厦门国贸控股集团有限公司开展紧密合作，以侨文化为核心，通过南洋风情建筑等硬件提升、特色歌舞文化等软件培育，开展“铸魂”工程，并依托成熟的现代科技农业资源，打好“侨牌”和“农牌”，推动文化旅游与现代科技农业融合发展，为农民的转产就业和增收搭建平台，给农民带来最直观的幸福感和获得感，先后荣获全省侨务工作先进单位、省级休闲农业示范点、省级安全社区、福建省乡村旅游休闲集镇等荣誉称号。

同样，军营村、白交祠村良好的村容村貌、配套的生活设施、整洁的环境卫生、独特的文化品牌，也使昔日的穷山村，蜕变成福建省和厦门市“百姓富、生态美”的明星村。所以，从这个意义上看，总书记“山上戴帽、山下开发”的嘱托与“绿水青山就是金山银山”的发展理念是一脉相承的，都是我国乡村振兴战略的伟大实践。

总之，“同安乡土文化丛书”既生动再现了改革开放后三个村（场）的沧桑巨变，也再现了乡民在历史巨变中的思想感情、心理状态和理想追求，从而唱响了共产党好、社会主义好、改革开放好的主旋律；是一部让人们从更深层次认识如何用文化为乡村振兴“铸魂”的极好教材，人们可以通过它追踪历史、着眼现实、规划未来，推动社会主义新农村文化建设。

古往今来多少事，尽在长河大海中。三个村（场）历经社会变革和人间沧桑，留下了丰富而鲜明的时代印记。重塑乡村文化生态助力乡村振兴，“同安乡土文化丛书”见微知著，不仅可以让人感悟三个村（场）的变迁史，又能让人从它们的发展轨迹中看到一个国家向前跨越的矫健步伐，听到一个时代进步的厚重跫音。

古同安，今厦门。厦门的历史文化在同安，拥有1700多年历史的“古同安”为厦门留下了太多珍贵的历史和文化遗迹，用千年古县文明滋养着百年鹭岛。今天，作为厦门市农村面积最大、农业人口最多的行政区，同安是厦门实施乡村振兴战略的主战场，乡村振兴伟业的种子正在这片热土上播撒。作为我的第二故乡，我对同安怀有深厚情感，希望看到戴嘉树团队能够更好地发挥集美大学(同安)乡村振兴研究中心的产学研基地、学生实践基地功能，将编撰“同安乡土文化丛书”这样烦琐、细致却非常有意义的工作覆盖到同安的每一个村庄，将我们千百年来积淀的磅礴时代浓缩进来。

是为序。

辛丑年春节

（作者为厦门市委宣传部原副部长、厦门日报社原党委书记、社长）

自 序

从20世纪60年代到80年代中期，竹坝农场——这个背负着使命诞生的农场陆续安置了来自印度尼西亚、越南、柬埔寨、泰国、缅甸、新加坡、马来西亚和菲律宾8个国家的5000多名归侨。这些归侨祖籍不同、侨居国不同，却都在时代浪潮的裹挟中被迫离开侨居国，又在国家政策的安置下一同落在竹坝农场这块土地上。他们扎根于农场，将异国文化在中国的土地上发展得生机勃勃。这些来自不同国家的文化在中华文化的广阔背景下不断发展并互相影响，构成了竹坝农场独具特色的文化形态。

改革开放以后，竹坝农场跟随国家的步伐进行改革，借鉴农村家庭联产承包责任制的改革经验，解放自身生产力。同时面向市场，提高自身竞争力，积极参与市场化竞争。尤其是党的十八大以来，国家提出“乡村振兴”战略，为竹坝农场因地制宜深化体制改革、开辟新发展方向提供了新思路。此外，竹坝农场遵循习近平总书记“乡村振兴既要‘塑形’，也要‘铸魂’”的重要指示，牢记“产业兴旺、生态宜居、乡风文明、治理有效、生活富裕”的乡村振兴总要求，致力于深入挖掘竹坝农场独特的侨民文化，将侨文化与现代化农业、旅游业深度融合，以文化为核心动力推动农业、旅游业的质变，实现产业链的延长和产业的升级，实现“生活富裕”的乡村振兴终极目标。

党的十九大报告提出了新时代文化建设的基本方略，明确了文化建设在国家发展战略中的重要性和地位。竹坝农场紧跟党的步伐，进一步升级自身发展模式，与厦门国贸控股集团有限公司等公司开展深度合作，依托商业平台扩大竹坝农场的发展空间，充分开发竹坝农场的文化资源与物质资源。首先，通过新建或改善南洋风情建筑，营造文化氛围，并为文化提供物质依托。其次，通过培育侨民风情歌舞展现竹坝农场的侨民文化积累。最后，借助现代技术和新商业模式盘活竹坝农场的土地资源，如打造“航天小镇”农业品牌，利用来自太空的果蔬种子种植新品种果蔬，提高农产品附加值；以竹坝中学的排球教育资源为基础开发建造青训基地，提高竹坝农场知名度的同时，提高土地利用率、创造新收益。这些立足于竹坝农场的新发展为竹坝的年轻人提供了更多发展机会，使更多的年轻人能够在家乡的土地上完成自身的成长与发展，为竹坝农场带来活力。

竹坝农场积极响应国家号召、努力开拓新发展方向和空间的举措不仅极大提升了自身的经济实力，也是对新农村发展的一种有效尝试，是国家发展新农村的经验之一。笔者希望本书记述的有关竹坝农场的历史、改革和新发展能为读者提供一些新的启示，也希望竹坝农场能在新农村发展战略的指引下获得更多成功经验，为中国新农村的改革与发展提供更多借鉴。

目　录

第一章　丰富多彩的华侨文化

中国境内居民移居海外的历史由来已久，最早可追溯到《尚书·大传》中的箕子远赴朝鲜。尽管中国古代是以较为封闭的小农经济为主的经济形态，但中国古代的商品经济十分繁荣，跨国的商业贸易、文化交流等时有发生，开通了海上、陆上两条丝绸之路；中国古代的科技和文化也十分发达，文学作品、哲学思想灿烂辉煌，“四大发明”闻名于世；航海造船技术也得到了长足的发展和进步，因此，古代中国人的足迹得以遍布世界各地。但总体来说，古代中国人走出国门成为华侨的数量还是很少的，在 1840 年之后的近代中国，鸦片战争使得国门大开，一大批中国人或是为了谋生，或是因为贸易，或是为了学习新知、求得救国之道，或是由于其他种种复杂的原因离开祖国，侨居世界各地。无论是在和祖国一衣带水的东南亚、东亚邻国，还是距离偏远的欧美国家，都出现了中国人的身影。本书所提到的华侨农场安置的归侨，大多便是这个时期远赴东南亚定居的。

图 1-1　中国古代移民潮相关资料

经历了漫长的历史岁月，远离故土的华侨逐渐适应了侨居地的生活形式和文化习俗，但中华文化对他们的影响又根深蒂固，因而，一套结合了中华文化与侨居地文化的独具特色的文化形态便得以形成。这些文化形态，不仅给侨居地的文化注入了新鲜的血液，也促进了世界各民族文化的交流与传播，丰富了人类文化形态。本章主要对这套多样化的文化形态从不同文化角度进行简要分类，做简要的概括和叙述。

第一节　信仰文化方面

我国民间一直有着多姿多彩的信仰，这些信仰是绚烂的中华传统文化的重要构成。例如，东南沿海侨乡的妈祖信仰，而在华侨数量较多的东南亚国家，则是以信仰佛教为主。同时，由于经历了西方的长期殖民，东南亚国家受西方天主教、基督教等宗教的影响也十分深远，因而形成了社会内部多种宗教并存、一人兼信多种宗教的情况，有时甚至能看见一座宗庙里供奉着几种不同宗教的神明的现象。

厦门大学历史学系教授陈衍德先生曾记录了一个有趣的现象：在菲律宾描东岸市的妈祖庙里，原本供奉的是一尊天主教服饰的神像，她的原型是当地天主教徒崇奉的一尊女神像，但当地华人却认为她就是妈祖，于是便建起中国式庙宇，以中国传统方式来供奉她。这种有趣的现象正是中华信仰文化与侨居地的信仰文化交融的产物，是华侨多样的文化形态的表现之一。

日本神户市中央区有一座諏访神社，它位于諏访山的山腹中部，其所供奉的稻荷神一直深受当地民众的崇拜和爱戴。这座神社有着不同于其他神社的特点：

很长时间以来，到这里参拜的都是住在神户的外国人，尤其是华侨华人。走进神社，还能看到在拜殿前有由华侨捐赠供奉的中国式香炉、华侨参拜时用的中国式的红蜡烛及线香等具有中国式风格的物件，在参拜者记账本里也能看到许多中国人的姓名。除此之外，在神社里奉纳的灯笼、鸟居、石栏杆、捐赠者名单、中国式匾额上，还可以看见一些华侨华人的姓名、华侨的公司名称。由此可以看出，华侨华人身上保留下来的中国传统信仰习俗在某些方面逐渐与日本神道教信仰相互融合，形成了一种独特的信仰文化形态。

居住在泰国的华侨华人甚至有一种独创的"本头公"信仰。居住在泰国的华侨华人信仰的神明非常多，在这些信仰之中，本头公信仰是最为普遍的一种，这一信仰的主要活动地点——本头公庙在整个泰国数量繁多，不胜枚举。然而，一些学者对中国东南沿海地区的侨乡以及其他城市进行了实地考察，却惊讶地发现，在这些华侨华人的故乡，并没有任何与本头公信仰相关的痕迹，关于这一信仰的由来有着多种多样的说法，学术界尚未有定论。[1]不过，无论是哪一种说法，可以确定的是，"本头公"信仰是华侨华人离开祖国以后，在海外移居的漫长岁月里结合日常的实践活动、中国传统的宗教文化以及泰国的宗教文化而创造的一种独特的信仰文化形态。

第二节　节庆习俗方面

中华传统节日源远流长，通常热闹、隆重，仪式感强，是每一个中国人心中非常深刻的记忆，因而，在中国人远渡重洋到异国定居的时候，中国的传统节庆

[1] 拉姆盖 . 泰国华侨华人本头公信仰研究［D］. 北京：北京外国语大学，2016.

习俗也就随着中国人的脚步，走向了世界各地。

世界各地的节庆习俗是多姿多彩的，各个国家之间有着很大的差异性，中国人移居海外，也会入乡随俗，被侨居地本土的节庆习俗所影响；然而，镌刻在他们脑海里的中华节庆习俗依然影响着他们，久而久之，中华传统的节庆习俗和侨居地的节庆习俗便得到了融合，形成了一种独具特色的文化形态。

在东南亚，马来西亚的华侨华人把春节视为他们一年中最隆重的节日。中国传统的过年时间一般是从腊月二十三到正月十五，而马来西亚的华人华侨从冬至就开始过年，一直持续到正月十五。在春节的祝福语方面，中国人习惯说“恭喜发财”，马来西亚华人华侨说的则是“恭喜拉雅”。“恭喜”是汉语，“拉雅”是马来语，“恭喜拉雅”就是汉语和马来语的结合。这句祝福语，是中华文化与东南亚文化融合的表现，是华侨在移居海外的过程中形成的独具特色的文化形态。

在日本，华侨华人的一些节庆传统甚至成为一些城市独具特色的文化名片。在日本长崎，当地的华侨华人会过一个特殊的节日——灯笼节，大街小巷张灯结彩，挂上各式各样的灯笼，人们穿着艳丽的中华传统服饰（以清朝服饰为主），四周的商店里也都是中国的商品，节日气息十分浓厚。这一节庆习俗类似于中国的传统节日——春节和元宵节，但有所区别，灯笼节更多地迎合了日本游客的需求。这是华侨华人在海外生活中创造出的独特节日。

第三节　饮食文化方面

俗话说：“民以食为天。”勤劳智慧的中国人在“吃”这个方面自古以来就很讲究，无论是帝王贵族家的山珍海味，还是寻常百姓家的粗茶淡饭；无论是八大菜系的琳琅满目，还是柴米油盐的普普通通，都是中华五千年饮食文化的生动展现。中国人走出国门，也将饮食文化带到世界各地，并与世界各地的饮食文化相互借鉴，相互融合，形成了富有特色的饮食文化形态。

越南米粉是我们熟知的越南当地特色美食，其实这种美食与华侨华人息息相关。米粉是中国南方的一种典型食物，被华侨华人带到越南后，和当地饮食文化融合，形成了既具中国特色又具东南亚风情的美食文化形态。

长崎杂拌面和函馆中华汉堡包是日本中华料理的经典美食，这两款经典美食离不开华侨华人的贡献。来自福建福清的华侨陈平顺 1892 年东渡日本，来到长崎后，开了一家名为“长崎四海楼”的中华料理店。他结合日本长崎当地的饮食习惯和实际情况，对家乡福建的肉丝汤面进行了改良，除了用传统的猪骨头汤外，还创造性地加入了长崎近海出产的海产品、豆芽、卷心菜等材料。这一改良的初衷是为了让同样远在异国他乡的华侨同胞能够吃得好一些，在他乡漂泊的日子里能增添一些努力生活的勇气，却无心插柳柳成荫，创造了经典的华侨饮食文化形态——长崎杂拌面。与长崎杂拌面不同的是，函馆中华汉堡包并非中国的传统食物，它的创始人王一郎是一名不懂汉语的二代华侨，但这并不影响王一郎对中华传统饮食文化的继承和利用。他有着中餐店和西餐店两种类型饭店的经营经验，这促使他做出了中西结合的汉堡包——“幸运小丑”汉堡，这种汉堡包比其他店的汉堡包要大出一倍，里面夹有中式鸡肉和本地产的生菜，还有夹咕咾肉的，受到当地华侨华人以及日本民众的喜爱，成了函馆一张独具特色的美食名片。

华侨华人经营的中国餐馆遍布世界各地，在这些中国餐馆里，不仅有中国的传统食物，也有符合当地人饮食习惯的食物。例如，在欧美的中国餐馆里，不仅有中国的菜系，也会出售牛排、炸鸡肉等菜品，华侨华人更会结合当地人的口味对中国本土的美食进行改良。可以说，中国餐馆既是海外华侨华人关于味道的乡愁寄托，也是一种独特的饮食文化的象征——象征着交融，象征着传承，象征着创新。

第四节　教育文化方面

中国人移居海外后，会有意识地聚居，从而形成一些较大的华人移民社区或部落群的形态，继而在侨居地形成一个以华侨华人为主的移民社会。这一社会形态形成后，教育就成了迫切需要解决的问题，海外的华文教育因此而出现。华侨华人创办的华文教育类学校，主要借助中国国内的识字课本和语文教材学习汉字和中国文化，目的是传承和弘扬民族文化，当然也会适当学习当地的主流语言。华文教育历史悠久的国家，大多分布于东南亚地区，比如新加坡、马来西亚和印度尼西亚等国家，起初创办的大量华侨学校都属于中华民族语言文化教育；在东亚的日本，神户地区有一所中华同文学校，这所学校的小学部侧重汉语教学，中学部侧重日语教学，不管哪一种形式，自创办以来，对学生都坚持教授汉语言文化，坚持民族传统教育；美国直到今天依然有华侨华人合办的华文学校 634 所。[1]

随着华侨华人融入侨居地社会的需要，这类华文教育学校不仅教授中华传统文化，也会让学生学习一些应对社会的实用类技能。

随着近年来中国国际地位的提升，海外已经掀起了一股“汉语热”，所以，海外的华文教育也新增了教授外国人学习中文的任务和功能。

第五节　华文文学方面

海外华文文学，是一种世界性的文学现象，迄今已有一百多年的历史。古代移居国外的中国人虽然也有零星的文学作品留下，但由于数量过少，没有形成独立完整的文学体系。1840 年第一次鸦片战争强硬地打开了中国封闭已久的国门，于是大量的中国人成为移民劳工、留学生、外交官，开始主动或被动地移居海外，成为海外华文文学发生和发展的主要动力，留下了大量的文学作品。

海外华文文学得以发展和壮大，主要归功于海外华侨华人聚居社会的形成，华文教育的开展与普及，以及随之而来的一定数量的华人文人。按形成和发展的地域来看，海外华文文学可分为两个中心：一个是东南亚华文文学，以新加坡、马来西亚、印度尼西亚、泰国、菲律宾、文莱等东南亚国家为主，也是最具特色，富有实力和艺术价值的文学形态；另一个是以美国为中心的欧美澳华文文学。

东南亚华文文学有着明显的阶段性，大体经历了三个历史发展时期：华侨文学阶段（1919 年“五四”新文化运动—1945 年第二次世界大战结束）——由华

[1] 耿红卫，刘鑫鑫 . 海外华文教育的办学形式研究［J］. 广州社会主义学院学报，2020（3）.

侨文学向华文文学的过渡阶段（第二次世界大战结束—20 世纪 50 年代中期）——成熟的华文文学阶段（20 世纪 50 年代中期以后）[1]。在不同的发展阶段，东南亚的华文文学也呈现出不同的特点，但最大的一个特点就是中华文化与侨居地当地本土文化的融合。在东南亚文学的发展历程中，始终绕不开的是对于本地化问题的思考与争论。

欧美澳华文文学的构成则较为简单。在欧美，晚清时期的华文文学主要有华人关于欧美社会的记述，这些记述以使臣日记和政府委派的考察人员的日记为主，另外有少量的私人游记及竹枝词；民国时期的华文文学以欧美的华侨华人的记述为主。这些记述中，虽然有许多文学性不强、政治经济目的明显的考察日记，但以抒写个人观感为主要内容的作品随之出现，这些作品在华文文学历史甚至是现代文学史上都具有重要的意义。相对于欧美，澳洲的华文文学曾经是很多人眼里的“文化荒漠”，但澳洲的华文文学其实很早就开始出现，1898 年前后就有了成熟的华文报刊，但澳洲华文文学的蓬勃发展，还是 21 世纪前后的事。1992 年，澳洲历史上第一个华文文学团体——澳洲华文作家协会成立，为澳洲华文文学的交流和发展打下了坚实的基础。经过多年的发展，如今，澳洲华文文学在长篇小说、短篇小说、诗歌、散文等各个体裁方面均有了一定数量的出色作品。同时，在文学作品的整理方面，庄伟杰博士的《澳洲华文文学丛书》、冯团彬主编的《大洋文丛》等典籍不断涌现，也给澳洲华文文学的研究提供了很大的便利。[2]

---

❶ 赵红英，张春旺 . 华侨史概要［M］. 北京：中国华侨出版社，2015：323.

❷ 赵红英，张春旺 . 华侨史概要［M］. 北京：中国华侨出版社，2015：344.

这两种文学形态并非完全独立，而是有相互交融的趋势。东南亚华文文学近年来逐渐由南洋风格转向如今的欧美色彩，更多地吸收借鉴欧美文学的特点，愈发显现出自身的特色。

总而言之，华侨华人在长期的海外居住生活中，创造出了许多富有特色和价值的多元文化形态，并在世界文化的交流与融合方面做出了巨大的贡献。

第二章　可歌可泣的华侨贡献

华侨虽然在很长的一段时间里处于去国离乡的状态，但他们从未断绝与国家和家乡的联系。无论是终其一生奔波海外，还是叶落归根，海外华侨都在为国家和家乡的建设、发展贡献自己的一份力量。

第一节　华侨对中国革命事业的贡献

1840年第一次鸦片战争爆发后，由于晚清政府的腐败无能，中国陷入了国土沦丧、满目疮痍的境地，逐渐沦为半殖民地半封建社会。中国民主革命的序幕就此拉开，一大批仁人志士活跃在历史舞台之上，为了民族独立和人民解放奉献着自己的热血与豪情，其中，也不乏华侨们的身影。海外广大华侨华人群体在从鸦片战争到中华人民共和国成立的百余年历史中，积极投身救国改良运动，大力支持中国民主革命，无私支援祖国抗战，用他们的爱国情怀书写了中国革命史上一个又一个不朽的诗篇。孙中山先生也曾给出“华侨乃革命之母”的赞誉。

海外华侨在经济方面对中国革命事业的支持，主要体现在为中国的革命事业慷慨捐款，在抗日战争爆发后积极团结起来为祖国抗战投资、捐款、捐物等。

图 2-1　澳大利亚华侨胡友义捐赠给厦门华侨博物院的古钢琴

在近代中国半殖民地半封建社会的背景之下，资产阶级领导的民主革命缺乏深厚的经济基础，举步维艰。正是受到了华侨华人的慷慨资助，革命活动才得以继续进行。1894 年，檀香山华侨带头为第一次广州起义捐款，共筹得 6 000 美元；此后的潮州黄冈起义、惠州七女湖起义，一直到后来的黄花岗起义、中华民国的成立等，都少不了各地华侨的踊跃捐款。有的华侨，如孙中山的胞兄孙眉等人，为了给祖国的革命事业捐款，竟然使自身陷入贫困之中。正是有了这些毁家纾难、慷慨无私的华侨的资助，才有了中国民主革命事业的顺利进展。

抗日战争爆发后，中国遭受日本帝国主义的全面侵略，中华民族面临空前严重的民族危机。敌我力量悬殊，人民生活艰难困苦。这一时期，世界各地的华侨纷纷行动起来，为祖国捐献了飞机、车辆、药品、服装、食物、医疗器械等抗战必备物资，其规模庞大，品种齐全，范围宽广，在当时成为中国长期抗战的重要物资补充，部分地奠定了中国抗战胜利的物质基础。同时，上至著名侨领，下至普通百姓，都为祖国的抗战积极捐款。他们之中，有的采取义卖的形式收集捐款，有的拿出自己的微薄薪水，有的甚至倾家荡产，这些捐款举动背后的感人事迹可歌可泣。除了捐款之外，抗战期间，国民政府发行大量的救国公债，东南亚的侨胞们在华侨领袖陈嘉庚先生的带领和号召下，纷纷认购公债，远在欧美、非洲的华侨华人也纷纷认购。国民政府发行公债时曾承诺，“本公债自战事结束后第三年起，由国库指拨基金，分二十年还清”，但抗战胜利后还不到一年，国民党就发动了全面内战，并没有兑现还债的诺言。所以，在这一时期华侨认购的公债，相当于无偿捐款。

抗日战争期间，华侨的侨汇也是华侨在经济上为祖国做出的贡献之一。侨汇指的是华侨汇给祖国家人的日常费用，有的说法也把华侨的救国捐款、回国投资算作侨汇。整个抗战时期，侨汇的数量巨大，约达国币95亿元之多。[1]由于我国当时还是个落后的农业国家，在对外贸易中一直处于入超的地位，因而侨汇可以弥补入超造成的外汇亏空，是当时国民政府财政收入的一个重要组成部分。在这一时期，一些华侨也回国投资，主要在工矿投资、垦殖投资和金融投资3个方面做出了巨大的贡献。

海外华侨在政治方面做出的贡献，主要有积极加入革命组织和革命团体、为民主革命效力、身体力行积极支持我国的全民族抗战等。

早在1899年，康有为、梁启超等维新派成员流亡海外期间，就建立了一个政治团体——“保皇会”，当时有许多华侨纷纷加入，团体的发展十分迅猛，到1903年，整个美洲就有11个总会，103个支会，可见规模之庞大。虽然保皇会有着一定的政治局限性，但从它在海外华侨群体中的迅速发展，我们可以看出华侨在参与祖国政治方面的热情。

1894年，孙中山先生在檀香山的华侨群体中建立了第一个资产阶级革命团体——兴中会。1905年，孙中山先生在日本东京发起建立了资产阶级革命政党——同盟会，接着，同盟会便在以东南亚各国为主的其他国家中如雨后春笋般

---

[1] 刘旭. 抗战中的华侨飞行员［N/OL］. 国防时报（数字版），2019-12-19［2021-06-30］.http://epaper.gfxww.com/20191219/11054. html.

地发展起来，各个国家的华侨纷纷踊跃加入。

除了积极加入革命团体和革命组织，广大华侨也为中国的民主革命而效力。受革命组织和团体的先进思想的影响，以许雪秋、黄乃裳为代表的华侨组织同其他侨胞一道回国发动反清起义，在后来的起义中，也有华侨们勇敢战斗的身影。在辛亥革命取得胜利以后，以伍廷芳、廖仲恺、陈景华等为代表的华侨积极回国参政，为中国政治的现代化发展做出了巨大的贡献。

抗日战争期间，除了前文提到的捐款捐物，一些华侨还纷纷回到祖国，援助敌后抗日根据地。在抗日战争进入相持阶段的紧急关头，中国的对外交通几乎被日军切断，情况十分危急，位于祖国西南方的滇缅公路成了唯一的陆上生命线。滇缅公路地形极为复杂，路况十分危险，急需大量人员来服务于战时运输任务。国民政府委托华侨领袖陈嘉庚先生，希望他能号召华侨司机及机修工人回到祖国，服务抗战。于是，陈嘉庚先生以南侨总会的名义发出号召，获得了南洋华侨的积极响应。这些南洋华侨，有的放弃了在国外优越的生活和高薪的职业，义无反顾地回到祖国。在运输抗战物资的过程中，条件十分艰苦恶劣，头顶是日军盘旋的轰炸机，时刻有可能进行空袭轰炸，脚下是崎岖难行的滇缅公路，十分险峻。若是遭遇雨季，路况湿滑，风险更是成倍增加，而且卫生条件较差，疾病横行。在日军炸毁公路后，还要冒着巨大的风险，对公路进行抢修……在1939—1942年长达3年的时间里，通过滇缅公路，南侨机工共抢运回了50余万吨军需物资、15 000辆汽车和无法详细统计的民用物资。[1]据不完全统计，归国的这3 200多名南侨机工，有1 000多人在抗日战争中壮烈牺牲，有1 000多人留在了祖国，只有1 000多人在抗战胜利后回到了南洋。南侨机工，是海外华侨爱国情怀的集中展现，是中国抗战史上一首悲壮的生命赞歌。

中国民主革命期间，广大海外华侨在文化方面也做出了巨大的贡献，具体表

[1] 李治．南侨机工：中华民族不可或缺的抗战力量［N］．人民日报（海外版），2015-09-01.

现为：在海外报刊媒体上积极报道革命与抗战，为中国的革命与抗战争取国际舆论的支持；促进马列主义等先进思想文化在中国的传播，促进中国人民的启蒙与觉醒。

舆论战场，是“没有硝烟的战场”，在政治变革中尤为重要。在辛亥革命前，海外华侨社会就涌现出了关心国内时局的革命侨报，如1898年新加坡富商邱菽园创办的《天南新报》，1904年新加坡进步侨商陈楚楠、张永福创办的《图南日报》《南洋总汇报》《中兴日报》等，这些报刊传播资产阶级革命思想，展开思想论战，宣传中国革命，为中国革命赢得华侨社会的支持发挥了重要的作用。

马列主义等先进思想传入中国，也有着海外华侨的推动作用。第一次世界大战后，不少中国人成为华工，这些中国人来到海外后，都过着悲惨而艰难的生活。因而1917年二月革命之后，就有不少华工参加了革命队伍，参与了十月革命。1917年4月，一些中国留俄青年创办的旅俄华侨互助组织“中华旅俄联合会”成立，这个组织在十月革命爆发后改名为“旅俄华工联合会”，并创办《华工报》和《旅俄华工大同报》，向祖国的同胞们宣传十月革命，宣传马克思主义。除了创办刊物外，他们还陆续派人回国宣传十月革命，有效地扩大了十月革命、马列主义思想在中国的影响。

除了俄国的华侨华人，日本和一些欧美国家的华侨华人，也为马克思主义在中国的宣传和传播做出了重要贡献。一些日本留学生，如廖仲恺、马君武等人，翻译了一些宣传马克思主义的文章，创办了一些关于马克思主义的报刊，比较系统详尽地介绍了马克思主义。中国共产党的主要创始人陈独秀、李大钊、周恩来、李达等人，也都有在日本留学或游历的经历，在留学或游历中，他们接触了马克思主义思想和理论，并在回国后将理论进一步深化，促进了马克思主义在中国的传播。

欧洲是马克思的诞生地，欧洲华侨华人也为马克思主义的传播做出了巨大的贡献。第一次世界大战期间，数以万计的华工来到欧洲，在20世纪20年代，国内勤工俭学运动达到了高潮，许多学生来到欧洲各国勤工俭学，其中就有周恩来、赵世炎、蔡和森等一批共产主义分子。一些有思想的华工以及这些中国留学生开始自觉地学习和传播马克思主义，创办了《华工杂志》《旅欧周刊》《华工旬刊》等刊物宣传马克思主义思想。

可以看出，华侨华人是第一批传播马克思主义的群体，他们为日后中国共产党的成立也做出了较大的贡献。

除此之外，在抗日战争期间，华侨创立的报刊如新马地区的《南洋商报》《星洲日报》等，批判一些汉奸的卖国行为，报道抗战的情况和战争的残酷，为团结海外侨胞，以及为中国在国际社会上取得舆论的同情做出了重要的贡献。

此外，在欧洲，从1932年起就有抗日团体纷纷成立。在英国，各界华侨联合成立抗日救国会，工商界华侨成立反日同盟会，学界成立反帝大同盟，以及中华民族武装自卫会伦敦分会、利物浦中国国民抗日救国会等救亡团体相继成立。随着欧洲华侨抗日救亡运动的深入发展，1936年，全欧华侨抗日救国联合会在巴黎成立，为欧洲的华侨指明了救国方针和奋斗方向。

图2-2　一些著名的华侨组织标志

在东南亚，南洋华侨在支援国内军民的抗日救亡运动的同时，纷纷组织抗日团体。在卢沟桥事变爆发后，南洋就成为海外各地建立华侨抗日救国团体数量最多的地方。其中，以菲律宾华侨领袖李清泉先生、印度尼西亚华侨领袖庄西言先生和新加坡华侨领袖陈嘉庚先生等主导创立的“南洋各属华侨筹赈祖国难民总会”（简称“南侨总会”）最具代表性。南侨总会和其他的抗日救亡团体的不同在于，它是由有威望的侨领发起，经过国民政府批准成立，在海内外有着相当的权威性。同时，南侨总会也在支援祖国的抗战中做出了巨大的贡献。据统计，从1938年10月到1941年12月太平洋战争爆发的3年多时间里，南侨总会发动南洋华侨为祖国抗战捐献了4亿多元国币和大宗国内短缺的战争和生活物品，号召3 200多名南侨机工回国服务祖国抗战，在政治上发起了声讨卖国贼的活动，维护了抗日民族统一战线，可谓带领南洋广大华侨，为支援祖国抗战做出了非常重大的贡献。[1]

在海外华侨开展的一系列支持中国革命事业的活动中，离不开华侨领袖的统筹和领导。海外的华侨领袖中最具代表性的，当属被毛主席称为“华侨旗帜，民族光辉”的陈嘉庚先生了。

陈嘉庚先生的救亡活动，不仅体现在他积极为祖国捐财捐物，还体现在他对祖国教育事业发展的支持与重视上。

从1894年创办“惕斋学塾”起，陈嘉庚先生办学的脚步就没有停止过。1913年，陈嘉庚先生创办集美小学，这是他兴办新式学堂的开端。1918年，陈嘉庚先生创办了集美师范学校，此后一直致力于集美师范学校教学条件的充实与改善。集美师范学校在当时吸引了许多海外华侨学生入学，在加强海外华侨与祖国的联系方面起到了重要的作用。陈嘉庚先生对当时的贫困学生采取了一定的补贴和优惠政策，让更多的孩子尤其是女孩子有了入学的机会。从集美师范学校走出来许多为中国革命事业做出巨大贡献的人才，例如，担任过中共福建省委书记

---

❶ 任贵祥．华侨与中国民族民主革命［M］．北京：中央编译出版社，2006：309.

的罗明同志、著名抗日女英雄李林烈士等。

在高等教育方面，陈嘉庚先生创办了厦门大学，邀请了一大批国内外知名的专家学者前来任教。即使后来陈嘉庚先生的企业面临收盘的困境，他也依然坚持办学，不惜变卖自己和家人居住的别墅，留下了“变卖大厦，维系厦大”的美名。

同时，陈嘉庚先生致力于开拓侨教，在南洋积极支持华文教育，提升华侨的教育水平，在海外传播中华文化，加强海外华侨的民族认同感。1919 年，陈嘉庚先生创办了新加坡第一所华文中学——新加坡南洋华侨中学。

陈嘉庚还创办了《南洋商报》和《南侨日报》，以报刊来促进祖国革命事业的发展。1923 年，陈嘉庚先生创办了《南洋商报》，创办《南洋商报》的初始目的是给他的企业及其生产的产品做宣传打广告。后来，慢慢地发展成为一份综合性的报纸，并在当地华侨中产生了重要的影响，起着维系海外华侨与祖国的联系的重要作用。而《南侨日报》，是他在 1946 年创办的，在团结华侨、反对内战、促进祖国和平民主等方面发挥了巨大作用。

1941 年 12 月，日本偷袭珍珠港，太平洋战争爆发。大敌当前，英殖民政府首次授权华侨代表主持抗日工作。陈嘉庚再次临危受命，成立新加坡华侨抗敌动员总会，为维持新加坡的治安、建设、战备防御工事，做好新加坡战时地方工作，做出了艰苦卓绝的努力。1942 年 2 月，日军压境，新加坡危在旦夕，陈嘉庚坚持领导华侨抗敌动员总会的工作。在最后的紧急关头，经多方催促，陈嘉庚避难印度尼西亚，剃须改装，化名李文雪。面对日寇的通缉，他甚至还随身携带剧毒药品，随时准备以身殉国。1943 年至 1945 年，陈嘉庚在避难期间，凭借着超强的记忆，在没有任何资料可供查询的条件下，写下了 30 多万字的《南侨回忆录》。这本书详尽地描述了陈嘉庚本人 40 多年的经历，记录了南洋华侨为帮助祖国抗战而做的贡献，也陈述了陈嘉庚为兴办教育和推动社会进步所付出的艰辛和努力。

第二节　华侨对家乡建设的贡献

海外华侨在促进经济建设方面有自己独特的优势。海外的华侨在侨居地长期从事商业活动或工业生产，凭借吃苦耐劳的精神和灵活的头脑积累了大量的生产资本和财富，并将自己的资本和财富投资于家乡的建设和发展。在近代经济发展的过程中，侨资成为侨乡工业发展最重要甚至是主要的资金来源。在西方文明传播影响下兴起的工业化浪潮中，侨乡能够在资源、人口和原始手工业发展程度都不占据优势的情况下，率先实现机器生产取代手工生产，华侨起到了至关重要的作用。

在近代的发展浪潮中，华侨通过率先投资近代工业、传播先进创新理念、引入近代的经营管理制度等手段，促使侨乡中近代化因素壮大，有力推动了侨乡的近代化。

1978 年改革开放以来，大量海外华侨华人回到侨乡投资办厂。在经济建设初期，华侨的投资主要集中在劳动密集型的轻工行业，不仅带动侨乡过剩劳动力的就业，而且为政府带来税收。随着经济水平的逐步提升和国内投资环境的不断优化，华侨投资的范围逐渐扩大，投资转向以基础产业、技术密集型产业和高新技术产业为主，促进了侨乡产业结构的提升和优化。

我国海外华侨数量众多，在侨居地参与和投资的项目涉及各行各业，尤其是东南亚华侨，在侨居地构建起庞大的华侨商业网络，从早期的餐饮、小商品销售和制造业到现在的旅游、金融、贸易和高新科技产业，形成范围广、水平高、实力强的商业网络。而华侨构建的庞大商业网络不仅对当地的经济发展和文化发展产生了深远影响，对侨乡的经济发展和转型也有着重要的指导意义。

在改革开放初期，海外华侨构建的庞大商业网络和他们在侨居地的广泛人脉、社会影响力为“走出去”战略提供了便利，侨乡成为海内外沟通的最佳桥梁。东南亚华侨积极参与当地政治生活，推动侨居地国家与中国关系的良性发展，为经济往来打下基础。此外，东南亚华侨华人还以个体身份积极推动侨居地国家与中国的经济、文化往来，为侨乡对东南亚国家的商品销售与经济合作铺开道路。

历史上的华侨大多是由于经济因素去往海外谋生，因此海外华侨的创业经验往往十分丰富，并在发展过程中与当地的实际情况相结合形成了一套成熟的企业发展流程和企业经营理念。早期的侨乡借助华侨的先进发展理念和管理经验促进自身经济水平的提升，早期侨乡的“晋江模式”就是成功的典范。晋江华侨文化历史悠久，海外华侨往家乡寄送物品并通过侨眷售卖，促进了当地经济的发展。改革开放后，晋江充分利用发展机遇，对外商实行“三来一补”，同时利用侨民赠送的生产设备换取免税优惠。充足劳动力和低技术门槛使晋江加工业迅速发展，同时给民间企业提供了机遇。随着市场经济的不断发展，晋江的产业结构逐步调整，民营企业引进侨资和科学管理制度以适应现代经济的发展趋势。晋江模式为当地经济发展带来巨大变化：1978—2006 年，全市经济总量翻了 8 番，生产总值年均增长 17.5%。2006 年晋江市有企业 11 953 家，其中外资企业 2 194 家，内资侨资企业 9 759 家。晋江是名副其实以侨资为主体的民营企业大市。[1]

随着经济全球化与互联网技术的发展，海外华侨华人的国际经营理念逐渐成熟，尤其是拥有良好教育背景的第二代、第三代华侨开始参与华侨商业网络的经营与运转，华侨企业的管理更加科学化、国际化，这些为侨乡的企业管理与规划提供了借鉴。不仅如此，第二代、第三代华侨中拥有丰富国际化企业管理经验和

[1] 侯志强，叶新才，陈金华，等. 华侨华人与侨乡发展［M］. 北京：社会科学文献出版社，2018：27.

科技创新能力的高层次人才，将为我国企业往更高层次突破提供有生力量。

华侨对侨乡从传统向近代发展的影响是多方面、互相作用的，华侨在海外生活工作的过程中接受了近代的思想和生活方式并带回侨乡，思想的变化延伸至生活方式、人际关系乃至生存环境，而经济实力的提升为这种转变提供了对抗传统惯性的基础。华侨对侨乡的整个传统模式造成了冲击，促使侨乡向近代转变。

在近代中国社会里，侨乡凭借华侨这个独特的优势，比较早接触西方新文化，形成独具特色的侨乡精神文化，从而引领中国的文化新风尚。而文化革新作为现代化的重要标志，也决定了侨乡在近代中国文化运动与革新中处于领先地位，侨乡的“开放、创新、团结、奉献”等精神，对近代和现代中国新文化的传播、建构、发展都起到了推动作用。

第三节　华侨农场

华侨农场是特殊国际背景和政治背景下的产物。它展现着国家对于海外同胞的关怀，也是中华民族凝聚力的象征。

一、华侨农场诞生的原因

由于东南亚特殊的地理位置和受中华文化辐射而与中华文化具有一定共通性的历史因素，所以自古东南亚就是华侨最大的聚居地之一。清末以来，受西方文明传入和世界发展趋势的影响，前往东南亚谋生发展的华人数量更加庞大。东南亚的华侨不仅人口数量大，而且在当地的政治经济生活中扮演着极为重要的角色。

“二战”后，世界各地都面临着大的社会变革或波动，各方力量在时代变革中分裂或联合，以期在动荡中获取更多的利益。在博弈的过程中，有一些人获得了利益，而另一些人则成为社会变革动荡中的牺牲品。在20世纪后半叶始终存在的东南亚地区的“华人问题”就是这种情况的写照。

“二战”以后，东南亚国家处于全面而广泛的社会变革和利益整合时期，原有的社会经济平衡被完全打破，而新的平衡还未建立起来，各种社会矛盾错综复杂。而华侨由于种种原因往往在这些矛盾中沦为牺牲品。在张静芬所著的《战后东南亚华人问题的成因及对策》中将这些矛盾大致归纳为5种。

一是民族经济发展的不平衡。这是绝大多数东南亚国家产生华人问题的一个最根本的因素。华侨远在隋唐时期就远渡重洋来到东南亚，促进了当时落后的东南亚的社会经济乃至政治的发展。在工业革命后东南亚国家沦为欧洲列强的势力范围或保护国时期，对外贸易的发展吸引了大量的商人前往东南亚发展贸易或定居在东南亚，其中以华人居多。这些华侨华人往往在港口和城市定居下来，从事商业活动，而当地的原住民仍然集中在农村或边远地区，主要从事农业活动。这种从事产业和居住地区的不同使得东南亚国家的原住民与作为后来者的华人的经济状况和经济地位出现了明显的差距，从而导致了当地国内矛盾的加剧。例如，当时在总人口为2.02亿的印度尼西亚，只占总人口3.5%的近700万华人在印度尼西亚前300名公司中股份的占有量达到了80%，在印度尼西亚公司前15强中，华人占14个；在马来西亚，华人主导了该国的商业，华人资本占橡胶园经营的25%、锡矿生产的36%，银行、百货店、旅馆等服务行业几乎为华人所左右；根据菲律宾工商业部在1952年所做的调查，华人占有其国内商业的40%、烟草业的 70%、金融业的 80%，华人投资额占菲律宾总投资额的 35.9%。[1] 华人资本在经济结构中的优势很容易给当地原住民造成一种误解，误认为华人经济是“殖民统治时代的残余”，因此他们容易把华人经济的存在视为当地民族经济发展的压迫者，是当地走向民族独立的障碍，从而对华人产生强烈的民族仇视情绪。

在这种背景下，东南亚大部分国家在掀起经济民族主义浪潮时，就把主要矛头指向了华人。它们采取种种方式来抑制华人的经济活动，限制华人的就业范围，加重华人的税收负担，甚至以“企业国有化”的名义直接没收华人的企业，原住民与华人之间的民族冲突时有发生。这种由民族经济发展的不平衡而引发的华人问题在东南亚地区相当普遍。

二是民族政治发展的失衡，这也是战后东南亚华人问题产生的原因之一。大部分东南亚国家在民族独立以后，不同民族对国家有不同的期望：东南亚本土的居民认为，他们长期生活在东南亚地区，是自己国家的主人，因此，在社会系统重建以及建立主权国家的过程中，他们应该享有优先权和至上权，国家应该保护他们的利益，提高其政治和社会地位。而以华人居多的外来移民认为，他们来到东南亚从事商业活动以及其他经济活动，为当地经济的发展做出了很大贡献，并且他们有的祖辈已经数代生活在东南亚，在新建立的国家中，他们应该享有与当地居民同等的国民待遇和地位。同时希望能参与国家的组建，并且进入政治统治阶层。由于华人在各国基本上属于少数（在新加坡则是例外，华人属于主要民族之一），加之其经济实力雄厚，使本地居民对华人产生强烈的民族敌视情绪，因而在权力的分配上极力阻挠华人参政。大部分国家在积极发展经济的同时，也在设法防止政治控制权落在华人或其他种族人手里。马来西亚在 1957 年宪法制定之前，非马来人（主要是华人和印度人）希望获得公民权，而马来人则希望新建立的国家能保证他们这些本土居民特殊的政治地位，并在社会经济方面取得优先

[1] 张静芬. 战后东南亚华人问题的成因及对策［J］. 史学月刊，2000（2）：86.

权，以此来对抗外侨（主要是华人）在经济方面的强大力量。在新加坡，尽管华人是主要的民族之一，但为了获得公民权也要做出一定程度的让步，如新加坡在1967年独立以后，做了如下的规定：新国家保证每个公民有同等的权利和机会，允许公民有信仰自由，但同时承认该岛上作为本土居民的马来人的特殊地位并保证其一定程度的优先权。一些东南亚国家也竭力采取积极提拔本地人的政策，这种做法往往遭到华人的指责，因为他们虽然有特殊的资源禀赋，但却不被录用。民族冲突时有发生，致使一些国家的国内政局不稳定。

三是冷战的政治对峙、意识形态的差异使东南亚的华人问题更加复杂。美苏对峙、社会主义制度在中国大陆的建立与发展使亚太地区不可避免地成为冷战的重要区域之一。东南亚的华侨华人也不可避免地成为冷战系统中的组成部分。一些西方国家将华侨视为中国向资本主义阵营施加影响力的手段之一，在东南亚地区煽动舆论，挑拨华侨与东南亚本地居民之间的关系。如20世纪40年代到60年代，菲律宾推行“菲化政策”，对国内华侨展开压迫行动。而马来西亚在修订宪法时将剥夺华人和印度人的权利写了进去，将所有政治权利交给本地的马来民族。印度尼西亚对国内华侨的态度也是反复不定，在20世纪50年代展开的排华行动甚至震惊了国际社会。

四是东南亚国家与中国的关系影响着东南亚国家对于国内华人华侨的态度和政策。20世纪70年代由于中越两国的国土纠纷，中越关系恶化，越南公然对国内的华人华侨进行排斥和迫害。20世纪70年代越南大致有150万名华侨，其中25万人位于北方。北方华侨在中越友好时期大多按照自愿原则加入了越南国籍，然而南方的125万名华侨的国籍问题并未得到解决。越南统一后，南方华侨的问题愈发凸显。由于华侨在经济中地位较高，社会财富主要集中在华人手中，因此华侨群体成了越南社会主义改造的首要目标群体。改造的范围包括经济、文化各个方面，征收华侨的企业和产业，没收华侨的资产，停办华侨的报社、学校等，甚至在 1977 年底大规模驱赶华人。截至 1978 年，一年间大约有 20 万名华侨逃离越南。

五是东南亚地区语言的复杂性。语言的复杂性也是造成华人问题的原因之一。由于东南亚地区历史的复杂性和民族众多，各个国家虽然规定了官方通用语言，但是不同民族仍然使用本民族的语言，而建立在不同语言之上的文化和思维方式也有所不同，因此不同民族在交往过程中时常发生冲突。在这种情况下，经济地位高而政治地位低下的华侨群体经常遭受歧视和排斥，促使华侨归国。

此外，东南亚部分国家还采取了民族同化政策进行社会结构重组，这主要表现在两个方面：一是让华人加入所居国家的国籍变成居住国国民；二是从文化上特别是语言上进行同化以消除不同民族之间的隔阂。这些手段是民族国家在形成过程中鼓励移民加入居住国的有效措施，但是在东南亚国家的强制执行过程中反而加深了少数民族与主体民族之间的矛盾[1]。

这五个原因是华侨在东南亚面临的问题的缩影。华侨在历史、种族状况复杂、政治文化制度尚在发育过程中的东南亚地区所面临的实际状况远远不止以上 5 点，在不同国家、不同地区所遇到的困境及其产生的原因也不尽相同，复杂的国际形势和美苏冷战的格局下西方国家对于前殖民地的东南亚国家的干涉，以及东南亚国家对于被殖民历史的反思与警惕都给华侨在侨居国争取自身权益造成阻碍。而在中国国内经济政治形势稳定的状况下，许多华侨选择回归祖国的怀抱。

1945—1980 年间，东南亚一共爆发了 3 次大的排华浪潮，从而形成了 3 次难侨归国的高峰。第一次东南亚排华浪潮发生在 1945—1954 年间，由于在“二战”期间东南亚许多华侨归国参与了抗日战争，或者在侨居国参与世界反法西斯战争，在战争中受到共产主义思想的熏陶，在政治上认同新中国。这种思想引起了东南亚新兴民族政权的恐慌，他们将华侨的这种思想认为是新中国在东南亚施

[1] 张静芬 . 战后东南亚华人问题的成因及对策［J］. 史学月刊，2000（2）：85-88.

加影响力的标志。因此，在对共产主义的恐惧情绪和“反共”口号的驱使下，以马来西亚为首的一些东南亚政府不断排斥、驱赶华侨，剥夺华侨的资产，使华侨失去收入来源，造成大批华侨被迫离开侨居国。第二次排华浪潮兴起于1958年，东南亚各国在1958—1967年间出台各种限制、歧视华人的经济政策，削弱华侨在当地经济生活中的影响力。以印度尼西亚和缅甸为首，甚至通过暴力手段和国有化直接剥夺当地华侨的产业和经济来源。与此同时，由于历史原因，东南亚原住民往往居住在内陆从事农业生产，与外来从事商业活动的华侨在经济收入上有较大差距，因此原住民在对比和西方国家有意煽动下对华人产生了仇视，认为华人抢夺了当地的财富。这种仇视心态在政府政策的默认或支持下发展成暴力行动。政策出台后东南亚各国纷纷爆发大规模排华运动，给当地华人华侨的经济生产以及人身安全都造成了极大威胁，一些地区甚至开展了专门针对华人华侨的屠杀活动。为了保全身家性命，幸存华侨只能出逃至欧美地区或是归国避难。第三次排华浪潮主要发生在印支半岛地区。由于20世纪70年代印支半岛国家纷纷发生政治动荡，为了转移视线和转嫁政治危机，当地政府将矛头指向华侨，对经济地位优越的华侨群体展开抢掠行动，其中以越南为最。在胡志明逝世后，新任越南领导人推行霸权主义政策，频频在南海试探中国底线。在中国与越南的政治冲突中，越南境内的华人华侨成了最大的受害者：越南政府假借经济改造之名侵吞没收华侨的企业和财产，华人群体的财富几乎被洗劫一空。越南政府还将已经失去财产的华侨迁至荒无人烟的所谓新经济区，任由其自生自灭。越南华侨实质上已经失去了最基本的生存条件。[1]1978年4月，中越关系进一步恶化后，越南政府不顾中国政府多次劝告进一步升级国内排华运动，将越南境内的反华浪潮扩大化。在这种艰难情况下，大批华侨纷纷逃离。印支地区国家的排华造成的难民出逃浪潮成为“二战”后世界史上最大的国际社会灾难之一。

---

[1] 朱华友．海南华侨农场［M］．海口：海南出版社，2008：13-15.

二、华侨农场的建立与发展

华侨虽然身在异乡，但中华民族爱国爱乡的传统思想使他们从未断绝对祖国和家乡的感情。面对侨居地的生存环境日益恶化的情况，一部分华侨渴望回到祖国。而中国政府秉持对同胞的关怀爱护，在多次向迫害华侨的侨居国提出抗议无果的情况下，仍然坚持保护海外华侨同胞的生命财产安全不受侵犯，不仅接纳遭受迫害的海外侨胞回国，还主动派遣接侨船前往印度尼西亚、越南等迫害华侨较为严重的国家接回受迫害侨胞，在面临当地政府的阻拦、刁难的情况下仍然坚持保障侨胞的人身安全。

面对归国难侨数量逐渐增多、简单回归原籍或投靠亲友的方式已经无法妥善安置难侨的形势，1960 年 2 月 2 日，国务院颁布《关于接待和安置归国华侨的指示》，成立“中华人民共和国接待和安置归国华侨委员会”来负责统筹归国华侨的接待和安置工作，并特别责成广东、福建、广西、云南等省（自治区）的人民委员会负责做好归国华侨的安置工作，使得归国华侨能够积极参加祖国的社会主义建设事业。国务院还制定了归国华侨安置原则：

（1）根据国家的需要和个人的志愿，妥善安排归国华侨的工作（大多数归国华侨安置在南方的国营华侨农场）；

（2）华侨学生和具有学习条件的职业青年，依据其学龄和文化程度安排就学；经济有困难者，国家给予助学金；

（3）归国华侨中有愿意回原籍同亲属团聚者，由有关人民委员会和人民公社妥善安置；

（4）对归国华侨的生活，各地应当给予照顾。❶

为了紧急安置这些归难侨，我国政府在全国重点侨乡广东、福建、广西、云南等地，迅速新建、扩建了 30 个华侨农场，紧急建房总计 47 万平方米，用于安置大批的归侨。截至 1962 年底，国营华侨农场已由 1960 年以前的 7 个增加到 32 个，共安置了约 60 000 名印度尼西亚归侨和 1 700 多名印度归难侨❷。1964 年，国营华侨农场的数量增至 38 个❸。其中，福建省在 1960 – 1966 年就扩建新建了 14 个华侨农场。据 1969 年的统计，全省集中安置归侨 27 129 人，其中华侨农场 23 678 人；农垦农场 2 000 人；华侨工厂 1 451 人。当时全国各地，特别是华侨农场的“迎亲”热潮是一浪高过一浪。福建常山农场 1960 年 3 月迎接 575 名第一批乘坐接侨船回国的印度尼西亚归侨，同年 4 月中旬又有 1 200 名新归侨到来，农场已建成 23 座新房❹。广西武鸣华侨农场经扩建，拥有 40 万亩的土地，种植有香茅、咖啡等 20 多种热带作物，并建有造纸厂、砖瓦厂、石灰厂等❺。云南的甘庄华侨农场也安置了 1 000 多名印度尼西亚归侨。归侨中的医生、教员、木工等有一定技术和文化的人员，农场安排他们仍做本行工作，其余大部分有劳动能力的归侨也走上各自的劳动岗位❻。

❶ 国务院关于接待和安置归国华侨的指示［J］. 侨务报，1960（2）.；转引自张晶盈 . 华侨农场归侨的认同困惑与政府的归难侨安置政策［J］. 华侨大学学报（哲学社会科学版），2013（1）：32.

❷ 张晶盈 . 华侨农场归侨的认同困惑与政府的归难侨安置政策［J］. 华侨大学学报（哲学社会科学版），2013（1）：32.

❸ 中侨委在兴隆召开华侨农场现场会议［J］. 侨务报，1964（3）.；转引自张晶盈 . 华侨农场归侨的认同困惑与政府的归难侨安置政策［J］. 华侨大学学报（哲学社会科学版），2013（1）：32.

❹ 中侨委下放干部 . 常山漫笔［J］. 侨务报，1960（4）：31-33.；转引自张晶盈 . 华侨农场归侨的认同困惑与政府的归难侨安置政策［J］. 华侨大学学报（哲学社会科学版），2013（1）：32.

❺ 张仁芳 . 广西武鸣华侨农场纪行［J］. 侨务报，1960（4）：34.；转引自张晶盈 . 华侨农场归侨的认同困惑与政府的归难侨安置政策［J］. 华侨大学学报（哲学社会科学版），2013（1）：32.

❻ 方卿 . 发愤图强建设新家园：甘庄华侨农场散记［J］. 侨务报，1960（7）：15-16.；转引自张晶盈 . 华侨农场归侨的认同困惑与政府的归难侨安置政策［J］. 华侨大学学报（哲学社会科学版），2013（1）：32.

1977年，越南大规模排华浪潮兴起后，一批数量更为庞大的难侨逃回中国。面对更为艰巨的安置越南难侨的任务，国务院于1978年5月在昆明召开接待安置被越南驱赶回国难侨的工作会议。会议讨论决定安置方针是："基本上集中安置在现有的或新建的国营华侨农场、盐场、工厂或者安置在其他国营农场和工矿企业，也可以搞一些集体所有制的农牧副渔业和一些小企业，如华侨渔民可以组织渔业生产队；对难侨中的技术人员和专业人员，尽量做到因材施用，合理安排。个别人在原籍农场有亲人要求回原籍生产队安家，当地应热情欢迎妥善安排。[1]"广东、广西、福建、海南、江西、云南六个省（自治区）根据国务院指示，成立省（区）接待安置印支难民领导小组办公室。广东安置了10.7万人，云南先后接待了印支难民6.2万人，有36 790人安置在云南，福建省先后安置2万多人，其中近2万人安置在华侨农场，海南省（原为广东省海南行政区，1988年建省）则安置了23 000人。为了安置这些难侨，各省区在原有的基础上又新建了一批华侨农场。至此，全国华侨农场的数量由原有的41个增加到86个（现存84个）。其中，广东23个、广西22个、福建17个、云南13个、海南5个、江西3个、吉林1个[2]。

华侨农场从诞生初始就具有经济和政治的双重属性。它是安置归难侨的生产、工作基地，采取了社会主义全民所有制的特殊制度。华侨农场最初由中侨委（中华人民共和国接待和安置归国华侨委员会）直接负责，后期中侨委将管理权逐渐下放给各省侨办，由各省侨办负责管理华侨农场的生产生活、基础建设、劳务工资等。也就是说，华侨农场基本不与当地政府和居民发生联系，完全脱离于当地的生产生活，是一个基本可以自给自足、封闭性的小社会。这对于与中国疏离已久、保留侨居国的思想生活方式的归侨来说十分稳定，且在当时中国经济普

[1] 福建省地方志编纂委员会. 福建省志·华侨志［M］. 福州：福建人民出版社，1992：25.

[2] 周南京. 华侨华人百科全书：侨乡卷［M］. 北京：中国华侨出版社，2001：45.

遍较为困难的情况下能保证归侨的基本生活，是一种比较理想的管理方式。

华侨农场作为国营农场，享受国家和当地政府的政策帮扶，在发展上有许多优势。首先华侨农场的组织化程度较高，在长期实行计划经济的锻造中，高度组织化的运作方式不仅体现在农场的经营管理层面，也渗透到农场人员的思维和行动中。相对于农村比较分散的农户，农场人员更加具有凝聚力。此外，华侨农场的资源优势十分明显，华侨的人均耕地面积多，且土地连片分布，非常适宜于商业化农业生产和机械化农业生产。并且在国家的帮助下，大多数华侨农场的农业基础设施比较完善，产业基础也相对优良。而且农场由于组织化程度高、生产规模大、基础设施较为完善，对周边村庄形成辐射和带动作用，形成了一定规模的小城镇。

但华侨农场的模式也存在着许多隐患。随着时间的推移，华侨农场与世隔绝的状态注定会产生许多问题，首要的便是华侨农场与周边环境的割裂所带来的一系列问题。

华侨农场作为一个特殊的移民社区，诞生于国际局势紧张、国内实行计划经济的特殊时代大背景下，是由政府直接将来自不同国家的侨民和一小部分当地居民混合在一起组成的。绝大部分被安置在华侨农场的归国华侨已经在侨居国生活过数代，原籍已不可考，安置地往往与他们的祖籍地并不一致。并且他们的语言文化、生活习惯、习俗风气都已经深受侨居国的影响，与华侨农场当地难以融合。这种隔阂给华侨农场内的归侨带来自我定位上的模糊：他们在侨居国由于血缘被认为是中国人，他们也因为认同中国人的身份而选择回到中国。但在侨居地形成的种种固有思维和生活习惯让他们无法与华侨农场安置地土生土长的本地人融合在一起。而华侨农场因其本身特殊的政治意义和国营的性质，农场内人员在改革开放前一直享受着类似国企员工的待遇，农场经营方面也长期享受着政府和国家的特殊照顾和诸多优惠，这些特殊照顾和优惠给归侨带来好处、保障归侨生活的同时也将归侨与当地居民划分开来，给归侨和当地民众带来身份上的疏离感，这种疏离感阻碍归侨融入当地正常的生产生活，加重了归侨与当地居民的隔阂。

其次，虽然华侨农场的组织化程度和产业化程度相对较高，但是由于计划经济的长期存在，华侨农场的产业市场化程度较低，开发市场的能力比较弱，农产品生产的科技贡献率低，产业链短，产品附加值低，主要生产和销售原料型产品，生产和经营不能很好地适应市场的要求。农场的生产效率随着技术水平不断提高和用工改革的同时，农场体制内不断有职工分流出来，产生了一定数量的下岗职工，这些职工的再就业和养老问题也是华侨农场必须面对的一个难题[1]。

改革开放以后，国家将华侨农场的管理权下放，一方面是希望提升华侨农场的自主性和发展活力，另一方面是希望华侨摆脱政策倾斜带来的隔阂，快速融入当地社会。这对于华侨农场而言，是机遇也是挑战，老一代华侨有再次“被抛弃”的感觉，新一代华侨在下放中则获得了更大的自主权。

除了归侨在心理上与安置地的隔阂，华侨农场在生产发展过程中所遇到的诸多问题也不容忽视。华侨农场作为一个自给自足的社群，许多本该由社会承担的职能对华侨农场而言也必须自行承担，医疗保险、社会最低养老保险、最低生活保障等支出给华侨农场带来沉重的负担。而由多职能造成的华侨农场内机构部门繁冗带来的巨大开销，又成为华侨农场的一项巨大压力。

华侨农场成立伊始，由于归难侨数量庞大，城镇无法提供充分的空间资源，因此大部分华侨农场被安置在农村，交通、生活、住房条件都不容乐观。虽然有政府的帮扶，但基础设施落后的情况在大部分华侨农场中难以避免。此外，基础教育的落后给华侨农场的发展造成了极大困难。大多数华侨农场地处偏僻，学校的基础设施不完善，难以吸引优秀的教师人才，导致华侨农场师资力量薄弱。在

[1] 朱华友．海南华侨农场［M］．海口：海南出版社，2008：57-58.

基础设施不完善和师资力量薄弱的双重夹击下，华侨农场内归侨子女的文化水平普遍偏低，直接影响到他们的就业，只能滞留农场。低教育水平人员的聚集又进一步限制了华侨农场的发展空间，更加难以改善华侨农场的基础设施和教育水平，造成恶性循环。

最后，华侨农场在体制和经济发展上也有问题。在体制上，由于我国在计划经济时期严格实行城乡二元结构的体制，而华侨农场大多地处农村，却不处于农村的制度体系内，面临“城不城、乡不乡”的尴尬局面。经济层面上，我国地少人多，华侨农场的土地条件一般不够优越，无论是地理位置、交通还是农作物种植都有局限性，土地投入大、产出低，严重影响华侨农场的资产积累。华侨农场的经济结构也较为单一，以单一甘蔗种植、茶叶种植、牛奶生产、柑橘种植为主[1]，经济发展受农产品价格波动、自然灾害和决策失误影响很大，农场经济十分脆弱。由于体制束缚和经济单一，农场的人均收入较低，观念意识也相对僵化。在长期依赖国家和政策的过程中，一部分华侨农场产生“等、靠、要”的思想，缺乏经济发展的必要活力。

改革开放后，我国开始由计划经济体制转向市场经济体制，华侨农场也在改革浪潮中迎来了破局的契机。华侨农场首先在体制上进行改革，扩大华侨农场的生产经营自主权，提升农场的发展活力。目前我国 84 个华侨农场中，已有 79 个农场下放给地方政府管理。移交后的华侨农场得到了地方政府的重视，地方政府不仅加强对华侨农场的领导，把华侨农场作为经济发展的新亮点，纳入地方经济发展的总体规划中，还赋予华侨农场财政管理职能，改善华侨农场的基础设施，有效增强了华侨农场的活力。将华侨农场的基础设施，如电力纳入国家实施的农村电网改革工程，使农场的交通、用电等基础设施状况大为改善，为农场的改革与发展奠定了良好基础。此外，农场在内部进行改革削减人事，减轻了农场的负

[1] 郑少智 . 国营华侨农场改革与资产营运模式探讨［J］. 暨南学报（哲学社会科学版），2003（4）：50-51.

担，政企分开也调动起农场员工的积极性[1]。

传统的城乡二元结构被打破后，华侨农场逐渐融入周边地区的发展之中，为自身的发展争取到了更大的空间。改革开放后，一些地区的华侨农场引入承包制等农村成功经验，将国家出钱、职工挣钱的传统生产承包经营模式转变为农场与职工行政上隶属、产权上租赁的模式，职工成为投资经营的主体。这在一定程度上解决了农场资金短缺以及约束机制等问题，在减少农场管理成本的同时协调了农场与职工之间的利益，调动了职工生产的积极性与创造性。同时一些农场鼓励发展自营经济，充分放权，不干涉农场的正常生产经营活动，不仅能调动职工的积极性，也极大减轻了华侨农场的负担。[2]

在摆脱了计划经济体制的束缚之后，华侨农场独特的海外关系和人文资源被最大限度地发挥出来。比如在华侨农场长期的封闭过程中，华侨以及华侨子女都使用侨居国语言或是成为双语使用者，这种语言文化的优势使华侨农场在面向东南亚发展时拥有得天独厚的优势。华侨农场充分利用侨民的文化优势，面对东南亚招商引资，制定优惠政策，推动华侨农场经济结构转型升级。在发展空间扩大后，华侨农场所具有的丰富的土地资源可以得到充分利用，单一的经济结构所培养出的专门人才使华侨农场在面向市场经济发展时在质量上占据高地，产品竞争力大大提升。

为了顺应社会主义市场经济体制的发展，建立现代企业制度也是华侨农场的改革发展方向之一，如海南兴隆华侨农场在 1998 年后先后成立了橡胶实业公司、农牧发展公司和旅游发展公司，实行“产、销、供”一体化管理。三大公司独立经营、自负盈亏、自我管理、自我完善，同时还以土地入股等形式进行中外合资，成立了海南兴隆热带花园有限公司。海南兴隆华侨农场现代企业的健康发展

---

❶ 贾大明．我国华侨农场管理体制改革探析［J］．福建论坛（人文社会科学版），2004（10）：10-11.

❷ 朱华友．海南华侨农场［M］．海口：海南出版社，2008：55-56.

与规范管理不仅是自身竞争力的展现，也为华侨农场向现代企业转变做出了一个良好的示范。[1]

当然，在改革过程中华侨农场又出现了新的难题。首先，一些华侨农场在自主经营时面临亏损问题，加之历史负担沉重，华侨农场的职工收入低于当地的平均水准。而历史债务和亏损反过来又限制了华侨农场的生产投入，一些农场陷入恶性循环。

其次，华侨农场作为一个意义特殊的存在，在改制后面临如何处理农场与地方政府之间关系的问题，改革中产生的体制不顺畅、权责不分明等问题也对华侨农场的发展造成负面影响。面对这些难题，一方面国家要坚持对华侨农场的投入与政策支持，另一方面华侨农场要坚持体制和思维的创新，灵活运用党和政府的侨务政策，深化华侨农场体制的改革，协调好华侨农场与地方政府各级部门之间的关系，建立高效顺畅的农场管理制度。同时树立企业意识，面向市场，定位农场的未来发展方向，加大产业结构调整，满足市场需求。

三、华侨农场的改革

对于华侨农场的改革，国家一直十分重视并给予大力支持。早在我国着手展开农业改革和工业生产改革的时候，就已经为华侨农场的改革做了准备。1985 年中共中央发布的《关于国营华侨农场经济体制改革的决定》揭开了华侨农场体制系统性改革的序幕。1995 年国务院办公厅转发国务院侨务办公室《关于深化华侨农场经济体制改革意见的通知》进一步明确了改革的指导思想。

1985 年中共中央发布的《关于国营华侨农场经济体制改革的决定》(中发

[1] 朱华友 . 海南华侨农场［M］. 海口：海南出版社，2008：56-57.

〔1985〕26号）中指出，华侨农场经济体制改革的指导思想是：走我国农村改革的道路，彻底改革现行的农场经济体制，逐步调整产业结构，切实扩大生产经营者的自主权，充分调动归侨难侨和广大职工的积极性，促进生产发展，实现勤劳致富。为此华侨农场及各级政府部门应当认真实行和努力完善联产承包责任制，根据生产需要和群众意愿，积极发展家庭农场和各行各业的承包户、专业户、联合体和多种形式的合作经济组织。大力发展多种经营，使农场的土地经营逐步向优势人员集中，从而使尽可能多的归侨、难侨逐步从土地或农场分离出来进入社会各个产业，充分解放华侨农场人员的生产力。通过经济体制的改革和优惠政策的扶持，积极培养归侨、难侨在生产经营中自我发展、自我积累的能力，使其充满生机和活力。[1]

此外，文件中还指出了改革的具体措施，包括领导体制、经营管理制度和财务管理制度改革，对部分归侨、难侨（含其子女）重新调整安置以及继续给予必要的财政支持等方面：

（一）改革华侨农场的领导体制。把现行的“由中央和省的侨务部门主管（以省为主）”的领导体制改为由地方人民政府领导。具体实施办法由有关省、自治区人民政府根据本地区实际情况，按照有利于华侨农场的经济体制改革和政企分开、简政放权的原则自行决定。侨务部门负责监督侨务政策的落实，维护归难侨的生产经营权益。省、自治区或地区担负对华侨农场的领导和管理职能的企业公司，应当依据政企分开的大原则，将这类企业公司改为独立核算、自主经营、自负盈亏的经济实体，并坚持为华侨农场服务。

（二）改革经营管理制度和财务管理制度。华侨农场要全面贯彻执行中央、国务院关于农村经济体制改革的有关政策、规定，着重抓好、完善各种形式的联产承包责任制，积极兴办家庭农场，大力发展和扶持各行各业、各种形式的合作

[1] 资料来源：中共中央、国务院《关于国营华侨农场经济体制改革的决定》（中发〔1985〕26号）文件。

经济以及个体经济。因地制宜地改革农场的产业结构，鼓励归侨、难侨兴办加工工业、商业、交通运输业、建筑业和服务业等。

华侨农场的产品，除橡胶外，一律取消指令性计划，产、供、销等活动由家庭农场、承包户、专业户自主进行，任何人不得干预。农场应从以行政管理为主转变为以服务生产为主，向家庭农场和各行各业的承包户提供产前、产中、产后的优质服务，并通过生产服务进行计划指导。同时承包户、专业户、家庭农场和自谋职业者，可以优先享受国家发放的贴息贷款和减免税等优惠政策。允许承包的生产资料和其他固定资产等，应优先承包给归侨、难侨经营管理。

农场所属企业要大力推行经济承包责任制，尽快做到独立核算、自负盈亏，逐步纳入全民或集体所有制的产业行列。这些企业应主要吸收归难侨及其子女就业。调整充实华侨农场以及所属企业的各级领导班子，特别要把归侨、难侨中的优秀分子选拔到各级领导岗位上来。减少农场的管理层次，压缩非生产人员，脱产行政干部占职工比例一般不得超过百分之一。多余的技术干部可部分转入服务公司，行政干部可部分转入政权机构。基本建设投资今后主要用于投资少、见效快、收益多的小型项目，以及兴建归难侨的住房和其他生活设施，不准用于建楼堂馆所。

（三）对部分归难侨（含其子女）重新调整安置。有特殊专长的归难侨，需要调整安置到全民所有制的企、事业单位的，有关单位应积极配合，通过协商逐步做到按专业对口安置。个别自然条件恶劣，确无发展前途的华侨农场，经省、自治区人民政府批准在近期内予以撤销。场内的归难侨在省、自治区范围内重新安置。有条件的归难侨可以自谋职业或投亲靠友，当地政府应当给予帮助。原来从事小商、小贩、小手工业、渔业等的归难侨，根据实际情况，部分可结合产业结构调整从土地中分离出来，从事工、商、渔业等生产经营活动，部分可安置到乡镇企业。对于在国外或港澳有生活依靠，要求出国或去港澳定居的归难侨，应当优先批准，并热情欢送，费用上有困难的应当给予补助。今后不论是零星回国，还是集中回国的归难侨，均采取分散、按专业对口安置的方针。除个别需要到华侨农场投亲者外，华侨农场不再接受新的安置任务。

（四）继续给予必要的财政支持。凡由中央核拨的资金、贷款、物资，均由地方人民政府负责专项安排，专款专用，直接落实到归难侨家庭农场和华侨农场各行各业的承包户、专业户[1]。

从这些措施可以看出，中央对当时华侨农场的改革提出了一些比较具体的意见，正好顺应了当时经济体制改革的要求。

1995 年，国务院办公厅转发国务院侨务办公室《关于深化华侨农场经济体制改革意见的通知》。该通知对华侨农场改革以来的成就和出现的问题进行了归纳与总结，为了扭转华侨农场自 1985 年以来改革进展缓慢的状况，通知中明确指出了以下 3 点。

第一，领导体制改革是华侨农场深化改革的重要环节。中央把华侨农场现行的由中央和省的侨务部门主管（以省为主）的领导体制，改为由地方人民政府领导。这种领导体制的改变，不是简单的管理权限转移，而是要彻底改变华侨农场长期形成的封闭体制，使其各方面的工作与地方政府各有关部门的管理相衔接，真正做到与当地社会和经济发展融为一体。华侨农场已交由所在地政府领导的省份，应进一步理顺其隶属关系，加强管理，巩固和发展改革成果，使农场获得更好的深化改革、发展生产的外部环境。对目前仍维持原领导体制的省、自治区，要采取有力措施加快改革步伐，近期抓紧做好有关准备工作并进行试点，总结经验后逐步推开。

第二，华侨农场交由所在地政府领导后，要将现由农场管理的教育、卫生、政法等方面的社会性事务，交给当地政府职能部门管理。解决华侨农场的离退休

[1] 资料来源：中共中央、国务院《关于国营华侨农场经济体制改革的决定》（中发〔1985〕26 号）文件。

金和医疗费用负担沉重的问题，根本出路是建立社会保障制度。农场要积极创造条件，参加当地的医疗、养老保险等社会保障制度改革。

第三，鉴于华侨农场的特殊情况和当地的实际困难，国家计委、财政部、中国农业银行同意在今后若干年内，在基本建设投资、华侨事业费及农业贷款等方面，继续给予华侨农场必要的扶持。建议地方政府同时在各方面对华侨农场增加资金扶持。❶

华侨农场的改革，不仅要提高农场经济效益，还要保障公平公正，顺应经济形势的变化。在新的经济形势下，华侨农场的改革与发展都面临着新的考验，党中央和国务院也十分关注华侨农场的工作，多次对华侨农场的工作做出指示，要求华侨农场主动适应改革开放和社会主义市场经济发展，加大改革力度，加快发展步伐。同时党中央要求各级党委和政府加大对华侨农场的支持力度，帮助各地的华侨农场解决一些实际问题。

近年来，国家还加强了对华侨农场社会保障问题的重视，在2007年《国务院关于推进华侨农场改革和发展的意见》中对华侨农场在华侨农场人员职业培训、劳动关系处理、解决相关历史遗留问题、参加基本养老保险和基本医疗保障等工作提出意见和要求。各地要将华侨农场人员的就业培训工作纳入地区整体就业规划当中，切实帮助华侨农场人员实现就业以及再就业。各地方政府要为不同的华侨农场人员提供针对性的就业服务，帮助有就业需求的人员提高职业技能，组织参加职业技能培训。对就业特别困难的人员，提供公益性就业岗位。对于在本地就业困难的人员，要引导他们外出务工就业。对于有创业意愿的，要组织免费创业服务，提供项目开发、创业培训、小额免息贷款等服务。

各地要妥善处理好华侨农场职工的劳动关系问题，切实维护职工的合法权益，在华侨农场领导体制和经营模式转变的过程中保障好职工的生活和权益，严

---

❶ 资料来源：国务院办公厅转发国务院侨务办公室《关于深化华侨农场经济体制改革意见的通知》（国办发〔1995〕61号）文件。

格把握好相关政策的适用范围，依法处理劳动关系和人员安置的问题。研究分析华侨农场在转型过程中可能出现的劳动关系问题，做好职工的思想政治工作，保障职工的权益，提高农场职工的思想认知，使职工积极参与华侨农场的转型与发展。

与此同时，各地要着力解决华侨农场职工的基本养老保险和医疗保障的问题，将华侨农场未参与基本养老保险和医疗保障的人员纳入保障范围之中，切实维护职工的养老保险和基本医疗保障的权益。对尚未参加城镇职工基本医疗保险和新型农村合作医疗的农场人员，要鼓励和帮助他们尽快参保，将政策落实到位。❶

2007 年，国土资源部、国务院侨务办公室在《关于依法加快华侨农场土地确权登记发证工作的通知》中明确指出，“各地国土资源部门和侨务部门要在地方党委和政府的统一领导下，积极与有关部门沟通协调、密切配合，采取措施加快华侨农场土地确权登记发证工作。”❷ 这为华侨农场解决土地确权问题指明了方向。对于在体制改革中仍保留了华侨农场主体资格的，土地仍确权给农场。对于华侨农场主体不存在的，在主体不存在后成立继承农场债务及债权的公司，土地确权给公司。土地确权不能属于制度改革后的乡镇政府和街道办事处。对于存在争议的土地，将有争议的部分划分出来，优先将无争议的土地确权。要严厉禁止和处理侵犯华侨农场土地权益的行为，确有需要进行土地征收的需按照标准给予补偿，不得侵害华侨农场权益，切实保护归侨的合法权益。❸

---

❶ 资料来源：劳动和社会保障部《关于认真贯彻落实国务院推进华侨农场改革和发展意见的通知》（劳社部发〔2007〕23 号）文件。

❷ 资料来源：国土资源部．国务院侨务办公室《关于依法加快华侨农场土地确权登记发证工作的通知》（国土资发〔2007〕130 号）文件。

❸ 资料来源：国土资源部．国务院侨务办公室《关于依法加快华侨农场土地确权登记发证工作的通知》（国土资发〔2007〕130 号）文件。

第三章　竹坝农场的特殊历史

第一节　竹坝农场的建立

一、竹坝农场建立的时代背景

（一）出海经商的历史传统与近代的排华事件

位于中国东南沿海的福建省，是中国著名的侨乡。从唐朝开始，福建人就络绎不绝地远走他乡，远渡大洋，到一个新的国家或新的大陆开始一段新的生活。明清时期，时局动荡，泉州番客（华侨）就开始从泉州港出海，无论是出国经商创业，还是务工务农谋生，都成为促使他们离开家乡的原因。而后鸦片战争时期，因为战争动乱和自然灾害再加上人口的快速增长，百姓生活困难，希望谋求生路，船业的发展也使中国与外国的联系和交易更加紧密，同时由于国外对廉价劳动力的大量需求，使得被洋人贩卖到海外的华工数不胜数。这些不论是主动或是被动离开家乡的游子，在异国他乡，坚强而又努力地生存着。现如今，华侨已遍布全球，大多分布在马来西亚、新加坡、泰国、印度尼西亚、越南等东南亚国家。他们带着炎黄子孙的血脉，移居他乡也同我们心心相连，热爱着我们的祖国。著名的华侨陈嘉庚先生，就于国家有难之时挺身而出。

什么是华侨？“华”是中华民族的“华”，“侨”是寄居、客居的意思。所以留居国外、定居国外的中国公民就是华侨。身为异乡人，华侨仅仅是他国的客人。在亚洲，他们可能有着一样的肤色，有着相似的文化，但不同的国家之间确实会有着难以逾越的鸿沟，特别是涉及利益之时，就更别提大洋之外的欧洲了。因为华人的到来挤占了他们的国内市场，华侨为了生活定居在他乡，不仅要学习他国的语言，还会遭受当地人的排挤，华侨的生活环境并没有想象中的那么美好。

外来的文化，在触及本地人特定的利益之时，始终免不了被排斥的命运。中国自古代开始，华侨的他乡之旅就不是那么顺利。古代时期，华侨多是在特定历史条件下进行迁徙，具有零散性和偶然性，世界各国之间的联系没有那么密切，异国对华侨的排斥也没有那么严重。从近现代开始，随着鸦片战争爆发，特定的世界背景之下，离开祖国的华侨大多不是主观自愿地离开，人口贩卖成为华侨去往他国的主要途径。无论是因为国内政治迫害和利益所趋而离开的民众，还是被贩卖的华工，光是在大洋上恶劣的航行环境里就已死伤无数，而且到异乡后的生活极不舒服。在那个混乱的年代，人不再是人，战争挑起方的贪婪者，使用武器奴役着世界。文化与经济之间的冲突，致使华侨在异国他乡受到当地政府、居民的不公平对待，他们排挤、排斥，甚至干扰华侨的正常生活，包括侵害华侨的财产、名誉、生命等。

历史上屡次发生排华的悲剧，而竹坝农场，就是在这样的时代背景下开始建立的。

（二）排华事件后的国家态度与相关政策的施行

20世纪50年代后期，东南亚各国由于狭隘的民族利益观和当时冷战思维的影响，爆发了排华事件的热潮。"二战"后东南亚国家开始相继独立，这就造成当地政府在大力扶植本国经济势力的同时，在不同生产领域推行一系列限制、歧视华人的政策以此保证本国经济的发展。这在不同程度上危及华侨华人在当地的生存，造成大批华侨华人被迫回国或移居第三国。如马来亚的英殖民当局从1948年就开始实行紧急法令驱逐当地华侨，据当时的官方统计，截至1953年4月被驱逐出境的侨胞达到24 000人以上。在菲律宾，当局在1954年8月颁布《零售商菲化法案》，禁止外侨开办新的零售商业，并规定已经经营零售业的外侨退休或死亡后，其后代没有继承权。南越吴庭艳政府在1956年也签发"第五十三号谕令"，宣布禁止外商经营11种行业。[1] 20世纪60年代，中印关系恶化。1962年10月的中印边界之争，像是一条导火线，引爆了印度政府对中国的不满，开始制造一系列对印度尼西亚华侨的迫害事件；1967年，缅甸爆发排华事件，暴徒们在6月27日、28日对缅甸华侨犯下了杀伤掠夺的恶行；1969年，马来西亚爆发暴民排华事件；1975年，柬埔寨爆发红色高棉排华事件；1977年，越南爆发排华事件等。

华侨们在外的悲惨遭遇，同样揪动着国内民众的心。当时正处于中华人民共和国成立不久的时期，经济尚未恢复稳定，国际话语权没那么有分量。但此时华侨对建设国家充满了斗志，所以在国家对华侨们发去归国的信号，提出"欢迎华侨回国定居"的口号，对华侨们回国定居表示鼓励支持态度时，华侨们积极响应决定回国。国家更是派出远洋海船迎接自愿回国的侨民，试图为落难的游子们提供一个稳定可靠的避风港。

---

[1] 熊志灵.建国后中国安置归侨工作及特点［J］.黑龙江史志，2015（11）：50-51.

由厦门市归国华侨联合会组织记录整理的厦门归侨“口述历史”系列文章中有几篇关于此时期归侨经历的文章，《从南洋到厦门同安竹坝华侨农场》便是其中一篇，它的口述者是一名在印度尼西亚邦加出生的侨民，后随父母回乡到了厦门，是竹坝农场的锡场工人。他自述1948年出生，父亲原是广西北流人，在国内抓壮丁时逃跑，后被当“猪仔”卖到印度尼西亚邦加，母亲则是在印度尼西亚出生的华侨。1958年时印度尼西亚也在发生排华运动，远在邦加的他们没有遭受到排挤，但听到椰城传来的排华事件消息，再加上对祖国的思念和想回去建设祖国的信念，他们一家仍决定回到祖国。1960年农历七月十四日，他们上船，走了七天七夜到了广州，当时广州三元里华侨接待站已经挤满了因印度尼西亚排华而归国的华侨。菲律宾归侨杨永泰也曾说过：“1960年，学校组织铜管乐队去泉州车站欢迎被印度尼西亚反动当局排华回国的印度尼西亚归侨，我印象非常深刻。”这也能证明排华事件造成大量华侨回国。

但其实回到祖国的侨民们不仅有遭受排华事件的难侨，还有许多为了参与祖国建设而自愿回国的归侨。他们有的是被抓住卖往东南亚做劳工的土生土长的中国人，有机会有条件的话仍想回到故土；有的则是虽出生在东南亚各国但仍心向祖国的侨二代。异国他乡，难酬壮志，面对新中国成立，祖国正处于急需建设力量的发展时期，他们纷纷选择回国参与建设，这是多么炙热的爱国心啊。

在《归侨“口述历史”菲律宾归侨杨永泰讲述“竹坝华侨农场的故事”我在竹坝20年》中，还讲述了一位泰国归侨——黄镇成先生的故事。他于1933年生于泰国曼谷，祖籍是广东潮汕，其归国原因与排华事件无关。黄镇成当时十分关注祖国的革命消息，1951年看到《抗美援朝保家卫国》一书后，决定响应祖国号召，回到祖国支持祖国建设，贡献自己的一份绵薄之力，后考入集美侨校。

1934年出生于印度尼西亚巨港的蔡时志先生，少年时半工半读维持学业，中华人民共和国成立后，在华侨归国潮的影响下，他在1953年和很多印度尼西亚华侨青年组成“回国同学会”，且于当年夏天乘船回国。

1960 年 2 月 2 日，国务院出台《关于做好接待和安置归国华侨的指示》，批准成立“中华人民共和国接待和安置归国华侨委员会”来负责统筹归国华侨的接待和安置工作，要求国内各省“认真做好对归国华侨和归侨学生的安置和接待工作。这是一项严肃的政治任务”。在指示中，根据当时的国情与侨情，制定了“以集中安置为主，分散安置为辅”的工作方针，在汕头、湛江等归国华侨入境港口设立接待机构，同时为了妥善安置归国华侨，更好地让他们适应祖国环境，尽快投入社会主义的建设事业，从而更加积极地参加建设社会主义，特责成福建、云南、广东等省的人民委员会负责归国华侨的安置工作。

至此，归国华侨回到祖国的怀抱，在故乡开始了新的生活。从 1951 年开始，我国政府先后在广东、福建、广西等沿海地区建设了 8 个国营华侨农场，而后大大小小的农场如同雨后春笋一般冒了出来，为归来的难侨们提供了生活的场地。至 1962 年底，华侨农场的数量达到了 32 个，安置了 6 万多名印度尼西亚归侨和近 2 000 名印度归难侨。20 世纪 60 年代，我国政府一共建立了 41 个国营华侨农场和 3 个国营华侨工厂，集中安置了 8 万多名归难侨。20 世纪 70 年代，越南出于国家利益开始进行排华行动，被迫回国定居的印支越南华侨开始在祖国新建的农场谋生，此时的华侨农场已经达到了 86 个之多。

1960 年出台的《关于做好接待和安置归国华侨的指示》提出的方针是“集中安置，统一负责”。所以中华人民共和国成立后，安置归侨的政策原则就是“按籍安置”，方式为“集中安置”，这种安置政策是一种更为人道的安置方式。全国在安置归侨伊始，将大部分归侨集中安置在华侨农（林）场中，使得华侨农（林）场成为安置归侨主要的安置点，其中尤以安置在华侨农场为多，集中安置于其他地方的现象少之又少。同时华侨农（林）场建立之初是由中侨委直接管理，到了 1969 年下放到地方，1978 年又适度收回，由中央和省区侨务部门负责管理，从 1985 年后，华侨农场才陆续下放给地方管理。

二、竹坝农场的建立

(一)竹坝农场的简要介绍

厦门市是著名的侨乡，自然免不了成为接待和安置大量归难侨（包括华侨学生）的重要中心之一。1960 年印度尼西亚排华事件发生以后，在中央的统一指导下，厦门市专门成立接待安置归国华侨委员会，接待和安置回国的归难侨们。据资料显示，1960—1961 年，经厦门市接待安置的印度尼西亚归侨，仅同安竹坝农场两年间就接收了 1 673 人。

表 3-1　经厦门市接待安置的印度尼西亚归侨情况（1960—1961）　　单位（人）

年份	集美侨校	晋江、南安、永春、龙溪等地华侨农场	同安竹坝农场	市区各专业部门	回原籍安家落户
1960 年	5857	4682	699		
1961 年	999	468	974	80	

摘自网络资源：http://www.xmtz.cn/webnews/viewi_ _bbjs_ 5228 162.html

竹坝农场是全国 84 个华侨农场之一，也是福建省 15 个华侨农场之一。它的由来和其他华侨农场一样，属于国家早几批建立的农场。1960 年 6 月，在政府的统一规划下，以同安上寮上村为中心，拨出总面积为 6 949 亩的一片土地，现在的竹坝农场就从这里开始建设的。竹坝农场位于厦门市同安区东北部，居三秀山南麓，距同安城区 10 千米。区内生态环境优美，空气清新，资源丰富，具有浓郁的田园气息，适合开展农家活动。现有耕田 3 500 亩，果园 4 000 亩，有竹坝和石垅两座水库，库容分别为 800 万方和 102 万方，白石溪和汀溪引渠而过，鸟语花香，风景怡人。从 20 世纪 60 年代开始，5 000 多名从印度尼西亚、柬埔寨、新加坡、马来西亚、缅甸、泰国、菲律宾、越南 8 个国家归来的华侨陆续在这里安置，落地生根。在这里，异国文化与本土情怀相互融合，从语言到美食，还有那些独特舞蹈与多样服饰，对研究东南亚国家的民俗风情文化有着重要的意义。

图 3-1　竹坝一景（来源："田园竹坝"公众号）

（二）竹坝农场的建设过程

当时祖国处于初始建设阶段，一切安排没有那么完善，因此归国侨胞虽然有了安排去处的场所，但适应祖国生活和参与建设的过程远比他们想象的辛苦。侨民回到祖国可不是来尽情享受的，他们自愿回到祖国参与建设，既然是建设，便难免需要付出。很多侨民不是回到自己的家乡，而是被分配到各个省市设置的华侨农场。去往各地的华侨农场，很多侨民被告知农场建设得很好，"红瓦、白墙，住房、学校、幼儿园，什么都有，都很漂亮"。但农场的环境还是被夸大了，侨民才是农场的开垦者。可能由于安排侨民回乡工作量太大，也可能由于当时是集体劳作统一分配，侨民们最终听从国家的安排到了全国各地的华侨农场，在农场开始了从无到有的建设。竹坝农场最初只是政府为侨胞划分的几块荒地，不过当时厦门自身的建设也没有好到哪里去，所以竹坝农场更需要靠侨民用双手去开创一个新天地。《同安竹坝华侨农场故事》中描述印度尼西亚侨民到达竹坝农场时所见是："除了山还是山""一片荒凉的红泥土的山丘地"。这样的场景可能发生于全国各地的华侨农场。在那个年代，归国的华侨源源不断，来得又多又快，农场的建设速度根本赶不上，建筑队只能日夜赶工建造新的宿舍新的厂房。这样艰苦的环境不可能让侨民感到安定，更何况有些侨民在国外的生活还不错。据当时任生产科科长的蔡金堆同志所说，“无论从生活、气候、劳动方式（农业耕作）、劳动强度上都难以适应，归侨思想波动很大，反映强烈，安定不下来”[1]，只能由省级下派的干部来安抚侨民。粗糙的农场就这样迎来了一批一批的侨民，他们的生活条件算不上好，却能从零到一，从一而终，建设农场，繁衍子孙，把根深深扎下。

第二节　1960—1982 年计划经济体制时期

一、中华人民共和国成立初期政府对华侨农场的特殊政策扶持

（一）20 世纪 60 年代后的土改适用期

在国家的计划下，归侨和难侨们免于了异族的排斥，在国内开始了新的发展。那么，他们是怎么发展的？为什么这么发展？又从何发展？要想搞懂这些个问题，我们可以从国家当时针对华侨农场而提出的特殊政策提起。

前面我们有所提及的是，1960 年，政府为安置归难侨而提出相关指令后，大

[1] 林太原，青云 . 蔡金堆：心中挥之不去的竹坝［EB/OL］.（2013-05-28）［2020-12-25］.http://www.xmqs.org/news-look34.aspx.

量接待和安置华侨的工作才得以进行。所以我们要清楚的是，华侨农场本来就是特定时期所产生的特殊产物，是特殊历史时期为集中安置被迫回国的大批归难侨而设立的国营农业企业。华侨农场是20世纪五六十年代国际冷战格局下，我国为配合外交斗争通过制度安排成立的安置、教育归侨的具有全民所有制和事业性质的企业单位。[1]而这个特定时期，同样需要我们去了解清楚。

20世纪60年代，中华人民共和国成立才不过10年出头。一是经济实力确实有些孱弱，再加上刚结束战争不久，还未恢复元气，购买力不足再加上生产不足，百姓的需求和商业的供给都达不到要求，且从事工商业有太多的不定性和零散性，让归难侨从商显然是不适合的。二是此时处于计划经济时期，国家宏观统一调控，同时也正是1952年土地改革后的适用期，土地收归国有，按需分配，使“耕者有其田”，归难侨的到来正好恰逢国家有地可分的时机，归难侨们由此可以种植经济作物，分地的同时也能解决温饱这个重中之重的问题。三是此时农业合作化取得成效，集中了大量归难侨的华侨农场很适合集体团结的工作模式。

20世纪60年代，竹坝农场到处是荒凉的山丘地，光秃秃的红泥地一望无际，台风天里风沙肆虐。归来的侨胞们是从荒地里把农场给“刨”出来的。他们把荒地平整出一块块土地，在山丘地边沿种植防风林，在红泥地栽种龙眼树。现在竹坝农场一排排挺直的防风林就是当时的侨胞一棵棵种下的，坚硬的红泥地能把种树人的手磨出一个个的水泡，再变成一层层的厚茧。

政府不仅为归难侨们划拨相对独立的区域作为安置点，并改造成农场，还为他们出台各种特殊政策进行特殊照顾。华侨农场里，归难侨们不仅可以通过自己的农业生产和多种经营方式达到自给自足，政府还为他们设立工厂、医院、学校等生产、生活、文教机构。农场所需物资由中侨委调拨。根据当时的国家政策，农场职工相当于现在的“国企员工”，实行固定工资制，每月按时拿到国家统一

[1] 邓永珍.天马华侨农场与周边地区社会关系研究[D].泉州：华侨大学，2017.

发放的工资，同时伴有超产奖励的福利。职工口粮按照国家农工标准供应，还有数额不等的粮油糖等生活用品补贴，享受公费医疗和退休养老。无论农场职工工作得如何，就算农场经营不善，他们每月也可以拿到工资，享受福利。20世纪70年代末回国的越南归难侨在华侨农场的工资一般是2级、3级，月工资2级为29.5元，3级为38元。为了保障侨民的基本生活，国家规定：劳动力按月20元计，非劳动力按15元计，家庭工资不足部分由国家补助。我们可以看出农场和安置在其中的归侨享受着国家提供的很多特殊优惠政策。[1]竹坝农场场员就是国家正式职工，领取国家的固定工资和退休金，也有城镇户口。

（二）家庭承包制

1963年，竹坝农场曾试种了467棵龙眼树，种龙眼是挖一个土坑算一个工分，一个工分算七分钱。但是种植失败了。以蔡金堆为首的场领导认真总结经验，认为农场既然设在以龙眼著称的同安果园公社辖区内，那种植失败就与气候和土壤无关。在蔡金堆解决了栽种法问题后，农场种不成龙眼的关键问题就落在了管理不到位上。1964年，农场打破了“大锅饭”，根据蔡金堆的建议实行了工分制，种植龙眼采取承包制：挖一个树坑多少工分，种活一棵树多少钱，承包到人，落实到户。且只有龙眼树苗真正成活才算工分。

40年来，华侨农场普遍推行了职工家庭联产承包责任制，同时全面实施15~30年不变的土地长期承包责任制，实行“两费自理、四到户”（生产、生活费自理，土地作物到户、盈亏到户、核算到户、风险到户）的发展理念；实现劳动力与生产要素的有效结合，提高职工操作的自由性，让职工自负盈亏、依法用地、自主经营。相对于农场刚建立时采取的农业合作社经营方式，职工们生产经营的积极性得到了更充分的调动。

---

[1] 熊志灵．建国后中国安置归侨工作及特点［J］．黑龙江史志，2015（11）：58-59.

在调整农业产业结构方面：华侨农场依据市场的需求，实行一场一策，大力发展具有优、新、特的特色农业，结合“三田”（吨糖田、吨粮田、万元田）[1]和“两园区”（现代农业示范区、出口创汇园区）建设的要求，加大调整、优化作物品种结构的力度，着力提高农产品的品质和经济效益。华侨农场根据自己独特的发展优势，大力发展文化、生态、观赏和创汇农业，累计引入农、林、牧、渔等方面的上千个良种，为建立十大观光农业生产基地打好了基础，这不仅促进了农业增产增效，也提高了职工的收入，可谓一举两得。

二、农业社会主义建设时期的竹坝农场发展体制

1958—1977 年是中国农业社会主义的建设时期。1958—1966 年是人民公社化发展阶段，处于农业合作社兴起的时代背景。1958 年，福建省开始小社并大社，同年年末，厦门市郊区撤销了乡镇建制而成立了五个人民公社，实现了高度人民公社化，经过一系列整改，成立了“政社合一”的基层经济组织。国营华侨农场与当时的人民公社所不同的是，农场是中央直属的农业企业，带有事业性质且实行的是企业管理。

1966—1976 年十年“文革”时期，华侨农场也难免受影响。在此期间，侨务工作被取消，侨务机构被撤销，侨务工作的管理有了新的变化和转移。1967 年 5 月，厦门市侨务局暂时停止工作。1969 年，华侨农场下放省（区）管理后，存在对“海外关系”和侨务政策的不正确对待，华侨农场存在许多比较严重的问题，

[1] 吨糖田：一亩地的甘蔗的产量可以出一吨糖以上的，叫吨糖田。吨粮田：指在一定时期每亩耕地粮食生产能力达到 1000 千克以上的农田。万元田：每亩地在一个生产年度内生产的农产品产值（当年价）在万元以上的田。

特别是在体制、经营管理以及归侨职工的福利待遇等方面存在较大问题，致使归侨职工思想动荡，消极怠工甚至萎靡不振，对内对外都造成不良的政治影响，也对农业发展起了不利作用。粉碎“四人帮”后，政府开始逐步对侨务领域进行拨乱反正，恢复正常工作。1970 年 1 月，厦门市革命委员会成立外事组，下设统战、侨务两个组。

1977 年 11 月 28 日至 12 月 20 日，全国侨务会议预备会议在北京召开，因此从 1978 年 6 月 1 日起，在有关省（区）委统一领导下，省（区）侨务办公室与农垦部门或市、地、县有关部门协商办理福建、广东、云南、广西等 41 个华侨农场和福建 4 个华侨工厂的交接工作。至此，华侨农场由“文革”期间地方革命委员会管理重新交接给侨务部门管理。❶

“文革”期间，归侨和侨眷存在的“海外关系”使他们成为批斗对象，受到不公正待遇之后的归侨们对农场工作产生怀疑。于此，国家在两年内下达两份文件，一是国务院于 1978 年转发的《全国国营农场工作会议纪要》，一是 1979 年农垦部发布的《国营农场工作条例（试行草案）》，这两份文件都规定了对归侨身份的认可，进一步明确“华侨农场的职工，是我国工人阶级的组成部分”，对拨乱反正具有一定作用。

三、改革开放建设时期的竹坝农场发展体制

农村经济体制改革始于 1978 年，1979 年农村开始突破传统的“三级所有，队为基础”的人民公社体制，探索渐进式农村经济体制改革道路，从包干到队、包产到组逐渐过渡和确立包产到户、包干到户。厦门市全市农村普遍实行以家庭

❶ 邓永珍 . 天马华侨农场与周边地区社会关系研究［D］. 泉州：华侨大学，2017.

经营为主的联产承包责任制是在1982年4月15日，截至1982年10月，全市农村已有2 994个生产队建立各种联产承包责任制，通过联产承包，打破了过去“三级所有，队为基础”的旧的经济体制，建立起新型农村合作经济体制。[1]

竹坝农场的财务管理按照国家侨务事务委员会下发的《国营华侨农场财务管理试行办法》执行。管理办法规定了国营华侨农场财务管理的原则、分工、财务计划管理、资金管理、固定资产管理、流动资产管理等内容。农场分配方式贯彻按劳分配原则，场员的收入由工资和生活补助组成，采取月薪制，标准参考国务院和省侨务主管部门原则制定，平均月工资每个劳动力20元，半劳动力10元，生活补助每人每月6~8元，一般平均不应高于此标准，但也不应过低（物价在八类以上地区可适当提高）。[2]竹坝农场根据自身情况，以每天8小时记工，每天工资0.60元，半劳动力每天8小时记工，每天工资为0.30元，较有生产技术者在原工资基础上加20%计算。计算结果半劳动力每月9元，全劳动力每月18元，较有技术者每月21.8元。农场实行奖励制度，从全场工资总额预留5%~8%作为奖励金。

四、小结

在这一时期，竹坝农场主要在计划经济体制下进行发展改革，其中经历了“文革”十年浩劫，但在拨乱反正时期及时纠正错误，解决了归侨和侨眷的身份问题，后通过农村经济体制改革，普遍实行家庭联产承包制度。在此期间，政府对归侨的政策补贴一直很丰厚，归侨不仅可以通过农场的经营获得利益，农场职工每月还有固定工资和福利可以领取。

---

[1] 邓永珍.天马华侨农场与周边地区社会关系研究［D］.泉州：华侨大学，2017.

[2] 许金顶，蒋泽华.厦门竹坝华侨农场体改及转型对策探析［J］.华侨大学学报（哲学社会科学版），2011（1）：22.

第三节 1982—1996年向社会主义市场经济体制转变时期

一、竹坝农场转轨时期的具体改革

（一）家庭联产承包责任制改革（1982—1993年）

1982年3月，竹坝农场出台《国营福建省同安竹坝华侨农场1982年经营管理若干问题规定草案》，开始经济体制改革。该草案明确坚持以“粮果为主、多种经营、全面发展”的方针，采取“一级核算，二级管理（场部、生产单位），三定一奖”的结算体制。其中的“三定”即定计划、定产量产值、定成本（工资、直接成本费用）；一奖即超产值产量利润奖。三统一，即统一计划指挥、统一分配平衡工分值、统一处理产品。执行劳动报酬和生产成果相结合的原则。

1983—1984年，福建省多次颁布家庭联产承包责任制相关改革规定及意见。先是确定承包到户、承包到劳的改革模式，再督促落实国营农场职工承包土地办家庭农场，推行家庭联产承包责任制，在进一步推动各华侨农场在完善家庭联产承包为主的生产责任制的基础上，抓好职工家庭农场的试点工作。从1984年开始，厦门农村经济体制改革的重点是农村的商品流通体制。首先是改革统购统销制度，实行农产品多渠道经营。根据中共中央的统一部署，厦门市从1983年起进行统购统销制度的改革，先后实行粮食的多渠道经营，取消棉花统购，停止棉花、棉布的统销，改为合同定购。而在政治制度上，取消农村的人民公社制度。

厦门市1958年全面实现人民公社制度，直到1984年8月，改公社为乡、生产大队为行政村、生产队为村民小组，正式实行政社分开，历经26年的人民公社制度寿终正寝。

但是，截至1984年，家庭联产承包责任制虽然开始得到普遍实行贯彻，但全国86个国营华侨农（林）场中亏损的华侨农场有62个，占总数的72%。单靠一时的制度改变，这些华侨农场无法马上扭转普遍亏损的状态，农场职工的生活还是相当困难的，这对中央来说是很严峻的一个问题。所以在1985年，中共中央根据1984年十二届三中全会形成的《中共中央关于经济体制改革的决定》的基础上，又颁布《中共中央、国务院关于国营华侨农场经济体制改革的决定》（中发〔1985〕26号），指出："华侨农场问题的症结是，囿于全民所有制的经济体制和管理模式，经营管理权过于集中，产业结构单一，吃大锅饭。这种体制不利于充分发挥劳动者的积极性和主动性，严重束缚了生产力的发展。党的十一届三中全会以来，华侨农场没有认真按照农村经济体制进行改革。"[1]"华侨农场经济体制改革的指导思想是：走我国农村改革的道路，彻底改革现行的农场经济体制，逐步调整产业结构，切实扩大生产经营者的自主权。"[2]1985年的上述"决定"正式开启了华侨农场的属地管理体制改革，改为由地方人民政府领导。具体实施办法根据本地区实际情况，按照有利于华侨农场的经济体制改革和政企分开、简政放权的原则自行研究决定。侨务部门负责监督检查侨务政策的落实，维护归侨、难侨的生产经营权益。

在具体怎么实施怎么建设的问题上，福建省在1986年7月17日出台《中共福建省委、福建省人民政府关于贯彻〈中共中央、国务院关于国营华侨农场经济体制改革的决定〉的通知》（闽委〔1986〕15号），提出具体实施意见："把现行的由中央和省的侨务部门主管（以省为主）的领导体制，改为由地方人民政府领导"，"鉴

❶ 资料来源：中共中央、国务院《关于国营华侨农场经济体制改革的决定》（中发〔1985〕26号）文件。

❷ 资料来源：中共中央、国务院《关于国营华侨农场经济体制改革的决定》（中发〔1985〕26号）文件。

于我省华侨农场的历史和当前的状况，从有利于改革出发，决定保留省侨办华侨企业管理局。”[1]以经营管理体制改革为重点，领导体制上保留华侨企业管理局，实行“简政放权”；重新调整、安置部分归难侨；为体制改革提供各项政策扶持。

（二）深化改革，改由地方人民政府领导（1993—1996年）

1993年，福建省侨务办公室《关于认真贯彻实施〈关于发展华侨农场经济若干问题的意见〉的通知》指出：改革开放以来，我省华侨农场经济得到了日益发展，但与周边地区的经济形势相比，尚有较大差距，农场系统亏损面还比较大，一些农场仍处在困境之中。农业上比起农村，改革还不够彻底，经济还捆得比较死，工业上也比乡镇企业缺乏活力。究其原因，是相当部分的农场干部职工“等、靠、要”的思想还没有真正克服，旧的经济体制严重制约农场经济的全面发展。为了适应形势发展需要，进一步发展农场经济，[2]做出“建立社会主义市场经济新体制，把企业推向市场”的决定。

1995年，国务院《关于深化华侨农场经济体制改革的意见》出台，提出要深化华侨农场经济体制改革。“由于多方面的原因，目前仍有70%的华侨农场亏损，相当一部分职工的生活还比较困难。从总体上看，这些农场的改革与发展仍然落后于当地农村，深化改革是华侨农场面临的紧迫课题”，“领导体制改革是华侨农场深化改革的重要环节”[3]，重申1985年26号文件“由中央和省的侨务部门主管（以省为主）的领导体制，改为由地方人民政府领导”的决定。1996年，为落实领导体制下放地方政府的深化改革目标，福建省人民政府专门召开省长办公会讨

[1] 资料来源：中共福建省委、福建省人民政府《关于贯彻〈中共中央、国务院关于国营华侨农场经济体制改革的决定〉的通知》（闽委〔1986〕15号文件）。

[2] 资料来源：福建省侨务办公室《关于认真贯彻实施〈关于发展华侨农场经济若干问题的意见〉的通知》（闽侨企综〔1993〕19号文件）

[3] 资料来源：国务院办公厅转发国务院侨务办公室《关于深化华侨农场经济体制改革的意见》的通知（国办发〔1995〕61号文件）。

论全省华侨农场体制改革问题，出台《关于华侨农场领导体制改革的决定》，省侨办提交《关于我省华侨农场领导体制改革意见的报告》(〔1996〕014 号)，决定“从 1997 年 1 月 1 日起，我省华侨农场的领导体制由现有省侨办主管原则上一律改为由各农场所在地（市）或县人民政府领导”[1]。

二、小结

在这一时期，厦门竹坝农场根据自身实际情况明确生产责任制的组织形式，采取包工到组、联产计酬、专业承包等形式强化生产责任。明确生产资料仍属于生产队集体所有，专业承包单位无权处理产品，由生产队统一管理。不论以任何形式进行承包，仍然以生产队为单位进行核算，生产计划由生产队统一安排，收益由生产队统一分配，产品统一上缴生产队再上缴场部。生产单位按农场下达计划承包给专业承包单位，通过合同形式确定下来，不得任意改变。[2]本着发挥专长、人尽其才、有利生产的原则，农场劳动力由生产队统一调配，统筹安排专业生产劳力。专业承包单位除完成承包的农果业生产任务外，余下劳动力由生产单位统一安排从事农场下达计划外调工作任务。在工资发放上，管理人员、技术人员、驾驶员采取固定工资形式，大部分采取 30% 的基本工资，70% 的评工记分。[3]自 1985 年国务院颁布上述“决定”时，竹坝农场的农、果、茶、工副业已全部推行承包责任制。

[1] 许金顶，姜泽华 . 厦门竹坝华侨农场体改及转型对策探析［J］. 华侨大学学报（哲学社会科学版），2011（1）：23.

[2] 许金顶，姜泽华 . 厦门竹坝华侨农场体改及转型对策探析［J］. 华侨大学学报（哲学社会科学版），2011（1）：23.

[3] 许金顶，姜泽华 . 厦门竹坝华侨农场体改及转型对策探析［J］. 华侨大学学报（哲学社会科学版），2011（1）：23.

第四节　实行市场经济体制后的持续发展

随同相应时期国家政策的转变，市场经济体制的建立让竹坝农场在领导体制和管理体制上开始积极改革。乘着乡村振兴的东风，竹坝农场一路向前，结合政府的扶持与同国企的合作，建设了大量的项目，把蓝图转化为现实，与时代一起持续发展。面对疫情的考验，竹坝没有退缩，勇往直前，激发出了更大潜力。

一、市场经济体制下的改革（1996—2017年）

（一）领导体制的改革

1995年，针对华侨农场普遍亏损的状况，国家再次推动华侨农场领导体制属地化改革。1995年12月，《国务院办公厅转发国务院侨务办公室关于深化华侨农场经济体制改革意见的通知》下发："对目前仍维持原领导体制的省、自治区要采取有力措施加快改革步伐"。面对改革压力，福建省采取了一系列紧急措施，专门召开省长办公会讨论全省华侨农场体制改革问题。省政府和省侨办明确提出改革华侨农场现行领导体制，1997年1月1日，竹坝农场下放厦门市同安区领导，设立镇一级行政建制，隶属同安区委、区政府领导。1997年起，全省17个华侨农场除天马华侨农场外全部划归地方政府管理。农场随后出台《关于华侨农场体制改革的建议》，建议将农场设立为“综合经济开发区”或“农业综合开发区”，请省政府给予补助，提供低息贷款。1997 年，福建省政府下发《福建省人民政府办公厅关于东阁等 15 个华侨农场增挂华侨经济开发区牌子的通知》，同意包括竹坝农场在内的 15 个华侨农场增挂华侨经济开发区牌子，同时享受现行的优惠政策。1998 年 6 月 30 日，厦门竹坝华侨经济开发区举行揭牌仪式，实行两块牌子一套人马的管理体制。

《同安竹坝华侨农场故事》中提到 1997 年农场下放给地方，农场的管理体制就开始变了，场里的职工社保归地方管理。农场的职工退休后，所领取的退休金并不高。当时，省里有个政策，归侨职工退休后可每月多拿 60 元的生活补贴。但是，只有 1969 年前回国并参加工作的归侨职工才能享受。在农场里，1969 年后回国的一大批越南归侨职工无法享受这一照顾政策。当相关工作人员给农场里的归侨职工办理地方社保时，将这一 60 元的生活补贴纳入进去，厦门市劳动部门的同志默认了农场里的计算方案，给本来退休金就不高的归侨，办了件实事。[1]职工退休金每年都有所调整，虽然幅度不大，但每年都在上涨。

竹坝华侨经济开发区的主要职责是：宣传贯彻党的路线、方针、政策和上级党委、政府的指示；制订和实施开发区的长期、近期发展计划；领导和监督各职能部门；负责经济管理事务；负责管理社会事务；编制管委会年度财政、决算、审计计划等。[2]

竹坝华侨经济开发区管委会成立后，提出了农场的发展构想，即发展高科技农业，积极发展旅游业，适当发展加工业，促进第三产业发展；进行体制改

---

❶　谢萍 . 同安竹坝华侨农场故事［EB/OL］.（2013-05-28）［2020-12-15］.http：//www.xmqs.org/news-look27.aspx.

❷　许金顶，蒋泽华 . 厦门竹坝华侨农场体改及转型对策探析［J］. 华侨大学学报（哲学社会科学版），2011（1）：24.

革，如改革人事制度、激励机制及改进管理模式；稳固现有企业，引导鼓励发展个体经济；积极开展招商引资，先后引进台商“厦门富先橡胶工业有限公司”、印度尼西亚外商“厦门安业畜牧有限公司”和台商“厦门国寿种猪开发有限公司”等。[1]

（二）“体制融入地方、管理融入社会、经济融入市场”的改革目标

针对华侨农场的历史积弊和特殊性，2007 年，国务院颁发《关于推进华侨农场改革和发展的意见》（国发〔2007〕6 号），提出了 17 条具体措施，确立推动华侨农场“体制融入地方、管理融入社会、经济融入市场”的改革目标，开启了华侨农场的新一轮改革。大体可分为两个阶段。

1. 改革启动阶段（2007—2012 年）

华侨农场在 20 多年的改革开放历程中，由于体制机制的弊端，依然落后于国家改革开放的步伐，经济发展滞后，矛盾凸显。这一阶段的主要特点是以解决华侨农场历史遗留问题为突破口，以领导体制改革为总抓手，彻底扭转了“不工不农、不城不乡、不上不下、不死不活”的困境，理顺管理体制，补交历史欠账，接通政策管道。[2]

2. 改革深化阶段（2012 年至今）

2012 年 7 月，国务院侨办会同国家发改委、财政部等十部门出台了《关于进一步推进华侨农场改革和发展工作的意见》（国侨发〔2012〕29 号，以下简称十部门《意见》），进一步明确华侨农场“三融入”的目标和方向，提出了深化改革、加快发展、彻底解决历史遗留问题等方面的目标任务和政策措施。为贯彻十

[1] 许金顶，蒋泽华．厦门竹坝华侨农场体改及转型对策探析［J］．华侨大学学报（哲学社会科学版），2011（1）：24.

[2] 邓永琮．天马华侨农场与周边地区社会关系研究［D］．泉州：华侨大学，2017.

部门《意见》，各地各部门出台了一系列政策加大对华侨农场改革发展工作的扶持力度。2012 年底，开始启动新一轮华侨农场非归难侨危房改造。2013 年，国务院侨办与文化部联合出台了《关于加强侨乡地区和华侨农场文化建设工作的意见》（国侨发〔2013〕22 号），与国土资源部联合出台了《关于做好华侨农场土地保护和开发利用工作的意见》（国土资发〔2013〕116 号）。广东、福建、广西等省区政府分别出台政策，加大对农场产业结构调整支持力度、实施特殊的财税返还政策、增加基础设施建设和社保民生事业的投入等，为华侨农场改革发展注入了新的动力。❶

（三）阶段改革小结

华侨农场的改革道路道阻且长，任重而道远。随着我国农村经济体制改革的开展，华侨农场作为社会主义全民所有制的农业企业开始走上农村改革的道路，领导体制下放地方，鼓励职工承包土地经营，兴办职工家庭农场，自负盈亏；推动华侨农场逐步摆脱事业性、政策性和社会性的束缚，走向市场，参与竞争。但是由于华侨农场的特殊性和历史遗留问题，积弊深重，矛盾重重，虽然从中央到地方都高度重视，政策频出，大力扶助，但改革依然步履维艰。❷

---

❶ 邓永珍 . 天马华侨农场与周边地区社会关系研究［D］. 泉州：华侨大学，2017.

❷ 邓永珍 . 天马华侨农场与周边地区社会关系研究［D］. 泉州：华侨大学，2017.

二、乡村振兴战略下的改革（2017年至今）

（一）竹坝响应乡村振兴战略的前期发展

1. 政府政策支持——竹坝农场与厦门国贸控股集团合作

随着华侨农场管理的政策法规逐渐明晰，竹坝同华侨农场发展的大方向一起改变。

2017年10月18日，在党的十九大报告中，习近平同志提出乡村振兴战略。随后中央发布了一系列文件支持落实乡村振兴战略。2018年1月2日，国务院公布了2018年中央一号文件，即《中共中央国务院关于实施乡村振兴战略的意见》。2018年3月5日，国务院总理李克强在《政府工作报告》中讲到要大力实施乡村振兴战略。2018年5月31日，中共中央政治局召开会议，审议《国家乡村振兴战略规划（2018—2022年）》。2018年9月，中共中央、国务院印发了《乡村振兴战略规划（2018 – 2022年）》，并发出通知，要求各地区各部门结合实际认真贯彻落实。

在此背景下，竹坝农场迎来了新的一波改革。青山绿水的竹坝农场，也是乡村振兴中不可缺少的一环。2018年5月，在厦门市委市政府的领导下，厦门国贸控股集团有限公司与同安区政府初步达成合作意向后，组建成立了“国贸地产文旅开发投资公司”，切实践行国企社会责任，按照“政府主导、镇场主体、国资助力、农民参与”的模式，全面、高效地开展规划设计、工程改造、招商运营等工作，积极推动竹坝五显片区打造为国内一流乡村振兴样本典范。2018年7月，厦门国贸控股集团与同安区人民政府共同打造的乡村振兴示范区——同安竹坝五显片区项目正式签约，厦门国贸控股集团有限公司负责统筹田园竹坝乡村振兴项目的策划规划、开发建设及招商运营等工作。

同安竹坝五显片区是厦门市实施乡村振兴战略试点村。竹坝农场有丰富的历史文化底蕴和悠美的田园风景。竹坝农场的环境建设富有南洋风情与乡村特色，平坦的马路四通八达，沿着树林放眼望去，成群的棕榈科植物环绕着南洋风情建筑。

竹坝同时也是“同安山海生态发展轴”区域经济发展思路的重要一环，拟规划范围为46平方千米。同安区政府与厦门国贸控股集团有限公司双方将发挥各自优势，通过对区域内乡村生态资源的整合开发，将其打造为以现代科技观光农业、归侨文化风情、教育拓展培训、休闲旅游度假及健康颐养居住为主要功能构成的国内一流乡村振兴样本典范。

此次合作，既贯彻落实了党的十九大报告中关于实施乡村振兴的重大战略部署，同时为厦门国贸控股集团有限公司传统业务的转型升级、突破创新提供了良好契机。双方表示，将进一步落实市委、市政府的要求，以高水准、高起点、有特色的整体规划先行，以“产业兴旺、生态宜居、乡风文明、治理有效、生活富裕”的乡村振兴战略方针为出发点，编制振兴项目抓手清单，并促进落地实施，实现政府、企业、村民三方共赢。通过对区域内乡村内生资源的整合开发，打造国内一流的乡村振兴样本典范。

2. 厦门国贸文旅科技有限公司在竹坝的具体改革项目

厦门国贸文旅科技有限公司本着“不辜负每一块土地”的初心，发扬求真务实、精益求精的工匠精神，自入驻竹坝以来，对项目反复推敲论证，以科学系统的规划先行，绘制出竹坝五显片区的发展蓝图；率先提出“一心一环一带五区”的空间规划理念，打造以乡村振兴为主题，以田园综合体为模型，以全域旅游为抓手，以农文旅结合及运动休闲为产业核心，集产、学、研、游、住为一体的新型城镇化综合示范区。[1]

厦门国贸文旅科技有限公司围绕项目整体规划定位，在核心区迅速生成一批项目清单，首先对现有南洋风情街及两侧道路、景观进行升级改造，力求在建筑及景观的细节处表达南洋元素，通过传统与现代、文化与商业的融合，给游客带来深度旅游体验；同时，启动乡村民宿、度假酒店、研学基地、小镇中心等多个项目的设计工作，在不久的将来有望给游客呈现一个焕然一新的竹坝。[2]在厦门国贸文旅科技有限公司看来，竹坝的乡村振兴工作缺少全域性整体规划和系统性产业布局，而他们的入驻，恰好弥补了这一短板。

“授人以鱼不如授人以渔”。随着国企力量的注入，竹坝已有近40个项目建设完成，包括慢行系统改造提升等20多个项目正在推进。现如今，在“政府主导、镇场主体、国资助力、农民参与”的模式推动下，一个集现代科技观光农业、归侨文化风情、教育拓展培训、休闲旅游度假等为一体的一流乡村振兴范本，正在从蓝图转化为现实。

2019年9月9日，同安会堂举行盛大“9.8投洽会”。作为厦门市乡村振兴战略市级试点村、厦门市2019年市级重点项目的同安区田园竹坝项目在本次“9.8投洽会”上收获颇丰。同安区政府与厦门伯爵马术俱乐部有限公司正式签约，宣告将与厦门国贸文旅科技有限公司携手，在国贸文旅田园竹坝项目中打造福建省最大的马术青训基地。该项目占地60亩，共分为青训实践、教育培训、体育赛

[1] 林露虹．发挥国企优势　践行社会责任　整合资源发挥特色农业：国贸控股集团打造国内一流乡村振兴样本典范［N］．厦门日报，2019-03-29（T07）．

[2] 林露虹．发挥国企优势　践行社会责任　整合资源发挥特色农业：国贸控股集团打造国内一流乡村振兴样本典范［N］．厦门日报，2019-03-29（T07）．

事、休闲旅游四大板块。同时作为厦门竹坝国际青少年交流基地的研学配套，将与园区内各旅游业态联动，构筑创新包容、富有活力的特色产业。

（二）新冠疫情下竹坝农场的进一步发展

2020年是不平凡的一年，新冠病毒席卷世界。年初隔离期间，不少企业停止了营业，竹坝农场也不例外。经过全国人民的努力，中国市场逐渐恢复生机，竹坝也重新开始运转。

2020年是决胜全面建成小康社会、决战脱贫攻坚之年，为展示脱贫攻坚奔小康以来闽西南城市的发展变化，2020年，闽西南五市多家新闻媒体协作推出大型媒体融合采访活动“丰年”，重点聚焦五市贯彻落实习近平总书记扶贫开发战略思想，精准扶贫、精准脱贫、合作发展，讲述百姓的小康故事。2020年8月16日，“丰年”系列报道厦门篇，走进了国贸文旅田园竹坝项目。

近年来，厦门的国有企业按照市场化运营机制，持续投身乡村振兴的主战场。“国企＋村（居）”的合作建设发展模式，不仅发挥了国有资本的带动效应，还为乡村振兴注入了新活力。两年前，厦门国贸控股集团有限公司与同安区政府组建成立厦门国贸文旅科技有限公司，积极推动竹坝五显片区打造为国内一流乡村振兴样本典范。

民宿在这几年来一直是旅客住宿的热门选择。离景点近、交通方便、布置舒适漂亮的民宿一直备受旅客青睐。竹坝农场对民宿建设有天然优势，它有着优美的风景、丰富的民俗文化和美食，如果能在竹坝建设民宿，那将是竹坝旅游市场的一大卖点。因此这里改造了27幢民宿，让竹坝成为网红村庄，吸引游客纷至沓来。有了旺盛人气，就得乘胜追击，所以还得有产业加持，让游客不仅可以住得开心，也可以玩得开心。为此，厦门国贸文旅科技有限公司通过“企业+合作社+基地”等形式，引入电商模式，让产品入驻“住这儿”App，游客不仅可以实地体验采摘的乐趣，还能一键购物。这在满足游客的旅游需求的同时，也能满足竹坝村民的生活需求。通过这种方式，直接、间接增加就业岗位40余个，带动村民开展民宿经营、蔬菜种植等，实现村民增产增收百余万元，真正实现了旅游经济带动农村经济的发展。

农场变景点，村庄成为度假区，竹坝发挥自己的天然优势，国企发挥自身企业优势，通过市场化运营、特色项目带动，达到政府、企业、村民三方共赢。古厝农地“活”起来，村民既拿“租金”又领“工资”，这一个个“造血项目”，不仅开辟了乡村发展新天地，同时展现出国企赋能乡村振兴的巨大潜力。

2020年4月1日上午，省委常委、市委书记胡昌升到同安区五显镇、洪塘镇调研。走在兼具异域风情和乡村风光的竹坝农场，胡昌升要求，将厦门国贸控股集团有限公司积极打造的这一乡村旅游项目，纳入全市旅游景点推荐路线。他说，优美宜居的城市，不仅要有靓丽的“前客厅”，还要有生态宜居、宜农宜业的“后花园”，要因地制宜把休闲农业、景观农业、设施农业发展起来，把乡村风光当作公园来打造，让农村成为城里人向往的幸福家园。这也是厦门对竹坝农场发展的要求。

三、小结

竹坝农场的华丽转身，离不开政府政策的扶持。竹坝的特殊历史让它的发展更具魅力，也更吸引市场的目光。从竹坝农场建立至今的60多年，我们见证了竹坝农场的成长。先辈们用双手勤恳开拓出青山绿水，让荒地重焕生机，一棵棵茁壮生长的龙眼树永远长青，南洋文化历久弥新。这些年来，竹坝的发展面临着大大小小的挑战，但是，挑战也是机遇，如何应对挑战时抓住机遇，竹坝农场仍在成长的路上。

图 3-2　竹坝一景（来源："田园竹坝"公众号）

无论是过去还是现在，竹坝农场的发展一直处于进行时。展望国家这几十年的发展可谓日新月异，竹坝农场同样经历了一次次的变革与创新，在社会主义的康庄大道上不断向前迈进。每一个值得铭记的昨天都是竹坝的历史，而每一个经历的今天也正在创造竹坝农场的历史。60 年来，这片土地拥有了翻天覆地的变化，这得益于热爱这片土地的人们。是他们远渡重洋，为了祖国而从此坚守在这里，他们的付出使荒山变成了宝地，他们带来了丰富的文化风俗，是他们用双手把竹坝农场创造出来的。他们在这里扎根，荒地里拔出了宿舍房，山丘里挤出了嫩苗，肩上挑过的一桶桶水，手里铲下的一次次锹，田有了，学校也有了，他们开辟出了一片新天地。他们的儿女也长大了，儿女的孩子也在这里长大，竹坝农场孕育了三四代人的成长，这是他们无法遗忘也无法离去的故乡。第一个 60 年，接力棒传到了竹坝农场当代的年轻人手里，这是一种珍贵的传承之路。在竹坝农场度过的每一个日日夜夜，都是竹坝农场历史中不可忽略的一页，而我们现在能做的就是为竹坝农场续写更多美好而又重要的章节。

当代社会的发展迅猛如箭，科技的更新让产业更加多元化。回望竹坝农场 60 年的发展历史，都是前人脚踏实地一步步走出来的。竹坝农场是特殊时代的特殊产物，因此它有异于其他农场的不同之处，所以它的发展需要结合普遍与特殊的思考。竹坝农场前 40 年注重农业的发展，加之国家的相对扶持和政策的相对倾斜，竹坝农场发展得越来越顺利。物质生活达到了自给自足，竹坝人也享受到了丰富的业余活动和精神生活。

由于竹坝农场建立时的特殊性，同时当时的省市区政府对竹坝农场的实施政策没有清晰的定义，没有准确实时地处理政策变化对竹坝农场发展的影响，导致竹坝农场的发展前景有些模糊。新世纪开始，意味着国家发展又到了一个新的阶段。竹坝农场同时开始考虑转型，光是农业的发展不能满足竹坝农场发展的需求，竹坝农场的未来需要一个更广阔的发展空间。如果说之前的竹坝农场只是侨民的竹坝农场，那么后期的竹坝农场更应该成为面向全厦门乃至全世界的竹坝农场，让更多人去了解竹坝农场，了解它的历史，了解那些可爱的侨民和多彩的美食风俗。竹坝农场在国家政策的引导下开始改革，发展高科技农业，开展旅游业务，招商引资，开始新阶段的发展。经过十几年的发展，竹坝农场逐渐改头换面，通过开展研学活动，竹坝农场已成为中小学生春、秋游的好去处。2017 年，乘上乡村振兴的快车，竹坝农场迎来了发展的又一高峰。在市、区政府的牵头下，与厦门国贸控股集团有限公司合作，从此竹坝农场的建设涌入了新鲜血液。

民宿、航天小镇的出现让竹坝农场有了商业价值，丰富的历史底蕴和是厦门难得的大型农业项目成为竹坝农场吸引游客的闪亮名片。

历史不仅仅只是久远的回忆，历史也是上一秒就发生的事。所以珍惜当下，不让流逝的每一分每一秒浪费，把分秒织成历史，这是不负光阴，这是对前人的负责和传承。竹坝的历史不算特别长，但是正因为它的独特和多彩，这份历史才更显珍贵。

第四章　竹坝农场的农业和旅游业

第一节　竹坝农场资源概况

一、竹坝农场位置

竹坝农场位于厦门市同安区大同镇东北部，居三秀山南麓，东邻竹坝水库和五显钓鱼台，西至五显镇明溪村，南邻五显镇军村，北至铁砧山，距同安城区约 10 千米。1997 年正式批准成立竹坝华侨经济开发区，享受省级开发区的政策待遇。同时当地设立竹坝华侨经济开发区管理委员会，隶属厦门市同安区委、区政府领导。竹坝农场现在是厦门市乡村振兴战略市级试点村，是国家乡村大战略下，实践乡村振兴、建设美丽乡村的典范。

从厦门市市域范围来看，竹坝农场中心区位于城市未来空间拓展的北部节点上，与城市核心区和周边区域都有较为便捷的交通联系，主要的交通工具有私家车、出租车、公交车、厦门快速公交（BRT）以及预备在建的地铁，其中公交车、私家车和出租车均可直达。

从旅游区位条件来看，竹坝农场中心区距同安城区仅 10 千米，处于同安区东北部旅游线路的中心位置，周边的景点多达数十个。经过这几年的开发挖掘整理和景点建设，基本形成了“两点带一线”的景区旅游格局，竹坝农场与周边主要景区和景点联系紧密，发展旅游业的区位优势十分明显，已吸引了不少游客前来游玩。

“两点带一线”的其中一点是以八闽最古老的寺庙之一梵天寺为主景的景区，其中包括散布于城区内的省市级文物保护单位梵天寺、芦山堂、孔庙和文笔塔等景点，这一景区主要以宗教古迹旅游为特色，吸引了大量喜欢欣赏文化遗迹和宗教文化的游客。

另一点是省级风景名胜区北辰山景区，位于同安区东北隅。在距市中心约 12 千米的北辰山景区，主要景点有祭祀“八闽人祖”王审知的王公宫、古刹“广利庙”和瀑布“十二龙潭”。这里不仅有名胜古迹，还有历代名人雅士在景区内留下的许多诗词墨宝，自然风光秀丽壮美，拥有深厚的文化底蕴和壮丽的风景资源。据了解，每年农历二月十二日是闽王祭辰，会有数万人到北辰山进行祭奠活动，而农历八月初八则会举行仙宫圆梦活动，人如潮涌，通宵达旦，适合喜欢游览自然风光、古韵遗迹和宗教文化融为一体的景点的游客。

周边丰富的旅游资源将竹坝农场包围，形成了一个独特的文化旅游圈，有利于提高该地的知名度，带动游客流量共享的效果。游览完北辰山自然风光的雄伟，再去山上寺庙领略宗教文化的肃穆，最后到竹坝农场游玩一番领略华侨文化和田园风光结合的异域风情，也算是不虚此行。

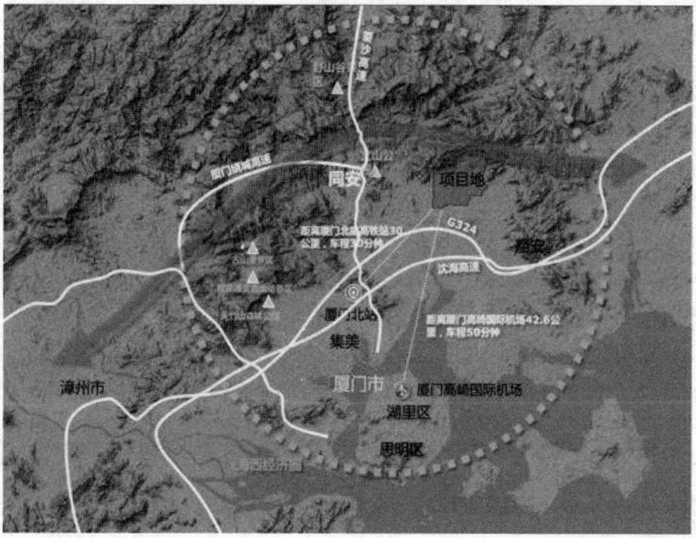

图 4-1　竹坝农场卫星图（来源：“田园竹坝”公众号）

二、自然条件

受海洋性气候的影响，该地年平均气温 21℃，平均最高气温 25.5℃，最低气温 17.6℃，无霜期 326 天以上，全年气候温和，都是适合旅游的黄金时期。

竹坝农场的地势北部较高，南部较为平坦。整个地貌从北到南由低山、高丘、低丘、台地四种类型组成。低山、高丘被自然的常绿针叶林、小灌木林所覆盖，低丘为茶园和果园，台地则以农田耕地、果林和场镇建设用地为主，其中果林多种植龙眼、草莓和阳桃等亚热带水果。

竹坝农场区内生态资源十分丰富，田园气息浓厚，乡村风光旖旎，其中有耕地 3 500 亩，果园 4 000 亩，还有白石溪和汀溪引水渠穿场而过。除溪流外还有两座水库，分别是库容约 800 万方的竹坝水库和库容约 102 万方的石垅水库。大片的山色与稻色交相辉映，水库波光潋滟，水渠纵横交错，更有成群的市鸟白鹭从水上飞过，潋滟的湖光山色和秀丽的田园风光旖旎迷人，清新的自然环境与城市的繁华喧闹大相径庭，令人流连忘返，忘记城市喧嚣。

近几年，在不断规划和建设下，竹坝农场内还种植了各种各样的鲜花和树木，建造了许多带有“竹坝特色”的标志性打卡建筑，铺设了许多沥青路或石子路方便游客观赏打卡，并完善了相应的旅游基础配套设备，如原木风格的民宿、经济实惠的酒店、具有当地特色的餐馆或特产店和游客集散基地等，非常适合喜欢清净、自然风光或异域文化的人们前来拍照、野餐以及度假。且其自身所带有的高山流水的田园风格和森系气息还吸引了不少自然风景摄影爱好者和摄影师慕名前来拍摄留念，再加上竹坝农场还很小众，游客并不是很多，拍出来的照片干净清爽，有望成为新晋的网红拍摄地点。

图 4-2　竹坝农场风景（来源："田园竹坝" 公众号）

三、人文景观资源

从 1959 年我国迎接印度尼西亚华侨回国，福建省委、省政府创建了竹坝农场，到 1978 年越南侨民回国，20 年间，竹坝农场共安置来自印度尼西亚、越南、柬埔寨、泰国、缅甸、新加坡、马来西亚、菲律宾 8 个国家的总共 5 000 多名归侨。从不同国度归来的侨民不仅带回了各国的独具风情的异族舞蹈、特色的饮食文化、斑斓的布料服饰甚至是富有异国风情的标志性建筑，比如现有的吉狮水门、彩虹长廊、南洋书屋、彩绘旧居和南洋长廊等带有浓郁异域风格的地标建筑。不过最独特的还是异国的风土人情、文化风俗以及来自异国的游客。运气好的游客还能在当地节日期间欣赏到各种充满异域特色的舞蹈歌曲表演，或者跟当地的侨民聊聊天，感受一下异国民俗的不同风情文化。据统计，农场归侨约有 3 万名亲属在海外，遍及 13 个国家，有些侨民与远在他乡的亲戚还有联系，时不时还会飞往异国去探亲，相应地也有许多当地侨民的亲朋好友会到此游玩。据了解，每年都会有五六百人回到农场探望亲朋。

除去异国独特的华侨文化外，竹坝农场还有很强烈的爱国主义情怀。当年归国华侨在党和人民的帮助下，在海外侨胞的支援下，在异国友人们的关怀下，早年通过辛勤劳动开发耕耘荒地、后期顺应时代潮流进行艰难创业，才使得农场建设取得了今天的辉煌成就。其中的酸甜苦辣可以说是一部专属于当地侨民、原住民甚至是外地移民共同的创业史，这部励志的创业史足以作为对所有游客和青少年进行爱国主义教育的生动资料，且拥有很高的参观学习和教育价值，让他们坚韧不拔、团结一致的精神能够经久不衰、绵延不绝，世世代代地影响着竹坝人和游客们。

四、土地利用现状

竹坝农场现有土地面积约 8 平方千米，农场内主要由场内建设用地、农业生产用地和自然山林地三部分组成，其中建设用地大部分用于生产管理、生活服务以及接待游客等，农业生产用地主要由耕地和果林组成。建设用地主要用于满足当地人的生活需要以及商业用途，共有 7 个自然村散布于区内，其中的新村、上寮、四房山、凤梨山四个村为归侨居住点，竹坝（老村）、下庄（下村）、刘厝（左厝）三个村为原住村民自然村，当中属竹坝村面积最大。原农场设场部一座，中、小学各一所。开发区内另有一部分原场办工业企业，以竹坝酒厂为主导，效益尚好，现有新建设的闽台种子交流中心，同时引进众多外来高质量企业来此发展，带动了当地产业发展，提升当地就业率并减少年轻人口流失，丰富了当地产业结构的多样性。

用于农业生产的耕地以种植粮食作物为主，以花生、甘蔗、蔬菜等经济作物为辅，部分用于畜牧业的养殖。水果种植占了相当大的比重，主要的果树种类有龙眼、荔枝、番石榴、阳桃、柑橘、杨梅等，还有部分农田用于研究种植新型种苗以及观赏性农作物，逐渐向新型农业方向发展，将一三产业相结合，创造出更大的经济效益与文化效益。

现有产业主要分布于东西南北中五个地区，东部有温泉，西部是农田果蔬，南部基本是农田，北部为山林景区，中部为发展有待完善的商业街以及居民和游客活动基地，由此可以看出竹坝农场内以第一产业农业和第三产业旅游业为主，第二产业相对薄弱，并且有意将第一、第三产业相结合发展为新型农业，带动农场的整体发展。

五、竹坝农场发展规划概述

目前竹坝农场由位列“世界 500 强”的厦门国贸控股集团有限公司，发挥国企优势，按照“政府主导、镇场主体、国资助力、农民参与”的模式，挖掘当地内生资源优势，描绘竹坝农场的发展蓝图。厦门国贸控股集团有限公司对竹坝农场的规划分区是按照“一心一环一带五区”的空间规划理念进行提升改造的，“一心”为竹坝风情小镇，“一环”为景观绿道环，“一带”为花海景观带，“五区”分别为科技农创体验区、文化教育示范区、生态颐养度假区、田园游乐休闲区、自然风景区。

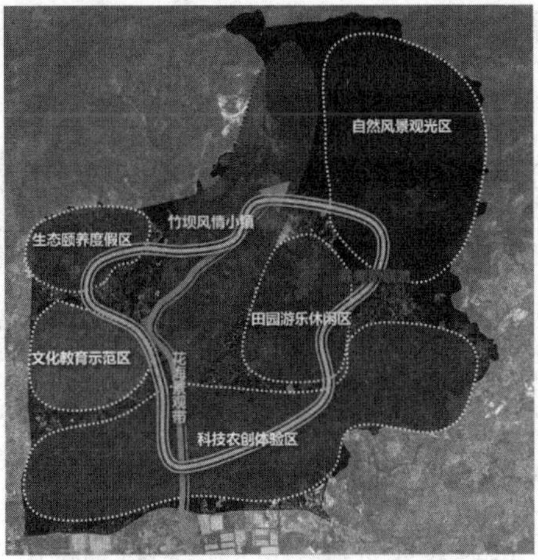

图 4-3　“一心一环一带五区”（来源：“田园竹坝”公众号）

其中以竹坝风情小镇为发展重点，这“一心”分为一个中心三大板块，分别是厦门国际青少年活动中心、颐养度假板块、休闲农业板块、南洋风情板块。

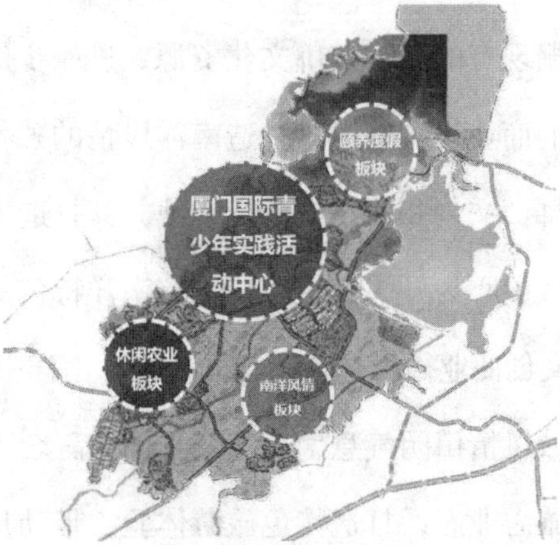

图 4-4　“一个中心三大板块”（来源：“田园竹坝”公众号）

厦门国际青少年活动中心致力于打造福建省最大的青少年活动中心，规划范围约 5 平方千米，可容纳 5 000 ～ 6 000 名学生同时活动。以厦门市唯一的市级青少年综合实践基地为核心，构筑海峡两岸青少年互动、教育的交流平台，塑造一个集国际研学、亲子实践、特色教育以及户外拓展等为一体的国际青训实践主题乐园。活动中心致力于培养青少年的社会责任感和集体荣誉感，提高青少年关于生物科学、荒野求生等方面的知识，促进青少年的全面发展和健康成长，打造国内外青少年交流互动的大舞台。

颐养度假板块基于区域得天独厚的山体、田园、水系及温泉等资源，结合厦门国贸控股集团有限公司大健康板块优势，打造以休闲度假为主题的中高端酒店区、以养老健体为主题的健康颐养区、以自然景观为依托的生态人居区，为大量游客增添新型的休闲娱乐放松形式，并为本片区居民就业、创收提供更多的途径和机会，打造治理有效、生态宜居的新农村。

休闲农业板块依托区域农业资源，带动厦门百利种苗有限公司等企业共同发展，利用厦门国贸控股集团有限公司的供应链、金融等产业优势，大力推动食品安全、环境保护为核心的现代科技农业发展，促进区域产业升级，增加农民就业机会并实现农民增产增收，书写产业兴旺的新篇章。

南洋风情板块挖掘现有的南洋归侨文化资源，进一步优化提升，利用厦门国贸控股集团有限公司的商业运营能力，打造南洋风情的独特招牌，使竹坝农场成为体验南洋美食、歌舞、文创和购物旅游打卡地。其打造模式雏形是以用于旅游咨询、接待的游客集散中心为开头，后接以具有南洋特色的南洋小木屋为外形的文创商业街群，其中文创商业街群包含南洋商业街、南洋书院和餐饮美食街等。

竹坝农场通过异域风情田园气息融合、亲子体验融合、文化商业融合、运动旅游融合等形成全新旅游业态，打造特色旅游体验，带动片区经济发展，实现生活富裕、乡风文明的新突破。

第二节　竹坝农场的农业

一、农业概述

竹坝农场因受亚热带海洋性季风气候的影响，气候特征为夏热冬温，雨热同期，季风发达。农场内水资源丰富，不仅有两座库容共计约 900 万方的水库，更有白石溪和汀溪两条水渠纵横交错。得天独厚的自然环境赋予竹坝农场适合种植多种种类农作物的优质条件。

在 20 世纪 60 年代初，农场初建时期还是光秃秃的一片红泥地，由于土地未被开垦以及侨民们经验不足等原因，农场种植的林木种类不多，种植面积也有限。但经过归国侨民们多年默默的付出及辛勤耕耘，终于在这片原本荒芜的土地上种下了 3.5 万棵龙眼树（1967 年才停止继续种植）。直至 21 世纪初，龙眼一直是竹坝农场的支柱产业，每年都能为农场带来几百万元的收入。

21 世纪初，科学技术发展迅猛，规范化、机械化、科学化的新型现代农业逐渐取代传统农业，新时期要求把农业建立在现代科学的基础上。竹坝农场紧跟时代步伐，响应国家号召，在顺应时代潮流的同时，借助当地政府给予的优惠政策红利吸引中外投资以升级技术，努力建设闽台农业融合发展产业园，引进外地优秀人才和优质企业，在共同发展的同时增进了双方的感情。现在的竹坝农场致力于用现代科学技术和现代工业设备来装备农业发展，用现代经济科学知识来管理农业，创造出高产、优质、低耗的农业生产体系和合理利用资源、保护环境、有较高转化效率的农业生态系统。

种植技术和育苗技术的提高和经验的积累，竹坝农场拥有了比较成熟稳定的农业发展方向，分别为种苗研发、休闲农业发展以及订单农业三个大方向。农业的产业化让竹坝农场种植的农作物种类相较从前丰富了许多，如稻谷种植、小麦种植、玉米种植、豆类种植、油料种植、薯类种植、糖料种植、仁果类和核果类水果种植、香蕉葡萄柑橘类等亚热带水果种植、蔬菜种植、花卉种植、中药材种植、饮料作物种植等，能更好地为周边企业提供加工原材料，而畜牧种类养殖主要为普通家禽饲养。

二、种苗研发

种苗的质量往往是农作物质量的决定性因素之一，优质的种苗不仅可以提高农作物的存活率，还可以提升农作物产量以及质量。种苗研发能研发出创新品种的种苗，甚至能开创更为广阔的农产品市场。竹坝农场中有数个专注研发的现代化种苗企业，其已走在农业现代化的前端。竹坝农场建设了现代化智能育苗温室、蔬菜新品种试验示范棚，引进了国外先进技术、机械和系统，力求推进高端蔬菜的品种研发、引进与推广、蔬菜工厂化育苗的生产与销售、蔬菜培育技术与病虫防治技术的技术培训服务等项目的发展。

以厦门百利种苗有限公司为例。厦门百利种苗有限公司成立于2011年，公司位于厦门市同安区竹坝经济开发区内，占地面积300亩。历经多年的发展，该公司已发展成为我国南部地区影响力较大的现代农业代表企业。厦门百利控股有限公司（曾用名：厦门百利种苗有限公司）通过引进新设备、新技术、新品种、新的管理模式，希望探索出一种新的蔬菜育苗种植体系，努力打造一条成熟的现代农业科技产业链，实现蔬菜种业业务结构优化与三产融合，即集农业生产、科普教学、旅游观光、农事体验为一体，努力帮助农户提高种植水平，增加农户收入。同时厦门百利控股有限公司还组建土壤检测与种苗生理生化检测实验室，以土壤科学的基础研究为立足点、以应用基础研究为结合点，解决土壤的核心基础科学和重大关键技术问题，坚持构建“良种 + 良法 = 良品”的运营模式，以做专业的蔬菜种植解决者为目标，为我国土壤资源合理利用、农业可持续发展和生态环境建设等方面提供决策依据和技术支撑。

据了解，厦门百利现代农业科技园已投入资金逾 2 500 万元，建成了 4 个园区和 35 万平方米的现代化智能育苗温室，年育苗 2.2 亿株，年产值 1.2 亿元，积极打造国内第一家专注、专业为农业提供系统化、科学化的蔬菜种植解决方案服务平台，在实现国内领先的优良种业公司的目标的同时，又是一个集现代农业技术推广、应用、服务于一身的机构。科技园内除了搭建蔬菜新品种试验示范棚 120 个，还引进意大利精准全自动育苗播种机 1 台、荷兰 PRIVA 水肥一体化设备 1 套、以色列产节水喷灌设备、移动喷灌系统、微喷灌溉系统等国外的高新技术设备。厦门百利种苗有限公司一直以“服务农业、致富农民”为宗旨，以科技创新为灵魂，以诚信合作为基础，以雄厚的科研实力和专心为农的企业精神，为我国蔬菜事业发展做贡献。

三、休闲农业

休闲农业是在经济发展达到一定高度时，为满足城镇人口的休闲需求，利用农业景观资源和农业生产条件，发展集观光、休闲、旅游、体验于一体的一种新型农业生产经营形态。休闲农业的基本属性是以充分开发具有观光和旅游价值的农业资源和农产品为前提，把农业生产、作物观赏、科技应用以及游客参加农事活动等元素融为一体，为游客提供在其他自然风景名胜古迹欣赏不到的独属于田园的情趣。竹坝农场具有得天独厚的先天资源条件与产业支持，因此发展休闲观光农业正逢其时。

休闲农业作为一种产业，最开始发源于20世纪三四十年代的意大利、奥地利等地，随后迅速在欧美等发达国家兴起。日本、美国等国家的休闲农业其实早已进入其发展的最高阶段，具有很高的参考学习价值。20世纪90年代，我国休闲观光农业伴随着旅游业的发展在各个大中型城市逐渐兴起。休闲农业作为一种新兴的行业，既促进了传统农业向现代农业的转型，解决农业现代化发展的部分问题，深度开发农业资源潜力，调整农业结构，还能一定程度地解决耕地与农民不匹配的问题。与此同时，休闲农业还能给当地居民提供大量的就业机会，为农村剩余劳动力解决就业问题，提供农民增收的新途径，甚至还能够带动农村教育、卫生、交通的基本设施完善，改变农村环境面貌，为解决我国“三农”问题提供新的思路。竹坝农场内这类企业较多，这里以厦门芳都观光果园有限公司为例做简单介绍。

厦门芳都观光果园有限公司是台商独资企业，2001年，经厦门市同安区政府邀请对竹坝农场进行投资，该公司利用竹坝独特的华侨文化和优越的地理位置，充分发挥公司栽培东南亚热带水果的技术优势，建设以阳桃种植生产为主的观光农业基地。

园区内绿树成荫，满园芳菲，黄金阳桃、百香果、咖啡树、野柠檬、树葡萄在园内更替成熟结果，四季果香，让人流连。芳都观光果园有限公司还很注重生态环境的打造，这里不但四季绿意盎然，还生活着很多可爱的小动物，走在里面时不时就能碰到几只羊羔或者是家禽，可以让游客轻松且直接地体验到田园生活的悠然自得。其中最吸引人的还是果园负责人成功引种培育多年的优质阳桃品种，其以产出甜度更高、果汁更多而受到市场及广大游客的一致好评。厦门芳都观光果园有限公司负责人种植阳桃 40 余年，曾获“中国台湾十大杰出农民”称号，并荣获农业最高奖“神农奖”。经过 40 多年的精心钻研，才培育出在我国台湾名震一时的五星软枝大阳桃“黄金阳桃”和“白金阳桃”等品种。阳桃的成熟采摘季节在每年的一月份到四月份，游客可以边感受南方的春意盎然边采摘阳桃，最后按重量结算将“黄金阳桃”和“白金阳桃”带回家细细品尝。

竹坝农场内不仅拥有大量不同品种果树的水果园供游客观赏、拍照和采摘，还可以让其体验骑马、坐马车、DIY 手工香皂、DIY 窑烤传统比萨等实践活动。这种设置非常适合家庭游玩或学校社会实践，其不仅能让前来的家长或老师们拥有新奇而质朴的生活体验，还能很好地使前来活动的孩子们获得综合素质的提升，如在果园专业人员的引导下亲身体验包水饺、烤比萨的过程，孩子们学会了烹饪技能并增强了动手能力，与此同时还能感受到家长平时做饭的辛苦，提高共情能力等。

四、订单农业

订单农业又称为合同农业、契约农业，是近几年来才出现的一种前端农业生产销售模式，农户会根据自身或其所在的乡村组织同农产品需求者之间签订订单，农户或乡村组织会根据订单安排农产品执行生产。因为订单是在农产品种植培养前签订，是一种期货贸易，所以也被称为期货农业。竹坝农场引进订单农业这一模式能够很好地适应市场需要，避免了盲目生产所带来的资源浪费，使用该模式最为典型的组织基地为厦门青田食品工业有限公司、厦门台日食品有限公司等企业在竹坝农场所设立的基地。

厦门青田食品工业有限公司创建于20世纪90年代初期，是一家中外合资的集蔬菜种植、农产品加工、内外贸易及食品冷藏储运于一体的综合性经济实体，现为福建省农业产业化省级重点“龙头”企业。公司蔬菜基地建设现代温室大棚近250亩，投资3 000多万元，还进行反季节栽培蔬菜，生产无公害蔬菜，调节厦门菜篮子的蔬菜供应。该公司已经有了完善的管理体系，在生产中积极推行HACCP及ISO 9000食品安全预防控制体系，不断提高产品的国际市场竞争力，全面开拓国际市场。其主要产品有胡萝卜、白萝卜、生姜、甘蓝、毛豆、大白菜、洋葱、长葱、西兰花、花菜、包菜等，产品远销日本、韩国、东南亚、欧盟及北美市场。

厦门青田食品工业有限公司以“企业 + 市场 + 科技 + 基地 + 农户”的农业产业化模式运营，大力建设自控种植基地和订单农业。厦门青田食品工业有限公司根据厦门市人民政府“两头在厦，中间在外”的农业产业化发展战略。2004年首次在福建省漳州市漳浦县赤湖镇建立了漳浦青田农业开发有限公司，实现就地收购农产品原料，就地加工装运出口，与当地农民签订蔬菜订单。现公司有“绿色保护地”和“露地”蔬菜种植面积近万亩，带动了当地农民从事绿色无公害蔬菜种植活动。厦门青田食品工业有限公司共带动了近两万户的农户从事产业化种植，其中农户含厦门市 5 000 多户、省内其他地区近 1.5 万户，使基地和农民走上了同发展共富裕的道路。

第三节　竹坝农场的制造业

一、竹坝农场的制造业概述

由于地处农场地界，农副产品的原材料获取便捷，因此竹坝农场的制造业多为依托农产品的食品加工业或为农作植物服务的制造业，如橡胶和塑料品业、化学原料和化学制品制造业和农副产品制造业等。

其中最为主要的是食品加工业，食品加工业中以竹坝米酒最为成熟和出名，其余的食品加工主要是为城市提供必要的生活消耗品。如食用植物油加工、肉制品及其副产品加工、蔬菜及其副产品加工、水果和坚果及其副产品加工、淀粉及淀粉制品制造、豆制品制造、蛋品加工、糕点和面包制造、饼干及其他焙烤食品制造、米及面制品制造、方便面及其他方便食品制造、酱油食醋等调味料制造、白酒制造、啤酒制造、葡萄酒制造、碳酸饮料制造以及茶饮料和其他饮料制造等。

二、竹坝农场的制酒业

竹坝农场所支持的制造业技术涉猎很广，不过其中历史最为悠久最为出名的莫过于各种白酒米酒果酒的酿造工艺，各种农作物发酵而成的酒香交织成属于竹坝农场的独特醇香。“百味果”来这里酿造了充满异国风味的果酒、果醋，加上由联合国难民署在竹坝援建的酒厂的招牌酒品、被法国调酒师称为“在中国喝到的最好的白酒”——竹坝米酒，以及另外研发的糯米酒和桂圆酒等，形成了竹坝农场独特的酒文化。

（一）厦门华侨酿酒厂

厦门华侨酿酒厂成立于1959年，全称为福建省厦门同安竹坝华侨酿酒厂，至今已有60多年的发展历史，是一家历史悠久、以民间传统工艺结合现代科学酿造技术进行酿酒的国有企业。自1959年成立以来，该酒厂多次荣获各类奖项，受到各级政府部门的高度重视。酒厂的主要产品有白酒、黄酒、露酒三大类，共20多个系列。酒厂有五大发展理念：一是“地道”，酿造工艺纯手工、原料为本土石垅泉水；二是“诚”，诚心诚意把顾客当朋友；三是“传统”，古法酿造，纯粮食酒，适合做泡酒；四是“历史悠久”，发酵酒曲是具有60多年制曲经验师傅的结晶；五是“安全”，精选绿色无公害谷物精心酿造。

竹坝华侨酒厂以我国民间古法传统工艺结合南洋特色酿造技法，采用绿色无公害谷物精心酿造的“米香型”白酒和“糯米酒”享誉福建东南一带及南洋国家华人地区，“南洋竹坝酒”“糯米老酒”等经典品类供不应求。1999年新开发的桂元果酒系列产品荣获厦门市星火计划科技奖，2000年被列为国家级星火计划项目。

酒厂的技术骨干黄志雄（以下简称黄师傅）是主要负责酒曲配置和发酵工作的师傅。据了解，酿酒原料严格采用东北大米，不含人工合成酒精，酒品酱黄纯净，酒香优雅绵长，酒味醇厚绵甜。竹坝酒广销福建及两广区域，得到了消费者的一致好评。据黄师傅所述，酿酒厂当时只是华侨农场的一个小企业，是为养猪场服务的。酒糟作为高质量的糖化食料，含有曲香，适口性较好，能增加猪的食量；同时，酒糟经过多层处理工序，质地柔软，干净卫生，猪吃了不易生病。随着更多专业技术师傅的加入，这个从事后勤服务的小作坊慢慢成长为竹坝农场的领头企业。黄师傅的父亲黄一心（以下简称老黄师傅）就是这些技术师傅中的一位，据了解，老黄师傅自退伍以后，已在竹坝酿酒厂兢兢业业工作了近40年，其间一直致力于改良酿酒技术和工艺，促进了酿酒厂的蓬勃发展。

老黄师傅心灵手巧、吃苦耐劳、严谨认真，凭借在部队里磨炼出的韧性到厂里后逐渐学会了酒曲制作工艺，并且逐渐探索出一套标准：首先，粮食采用颗粒大、淀粉含量高的东北大米，淀粉含量高，出酒率更高，味道更醇香绵长；其次，采用传统工艺制作酒曲。酒曲中含有很多的糖化与发酵的酿酒微生物，老黄师傅会精心选好优良菌种，并且利用气候条件调节最适合微生物繁殖的温度，达到酿酒用曲的标准。

老黄师傅在厂子里干了十多年后，黄师傅也加入了竹坝华侨酿酒厂，现在是酒厂的中坚力量。黄师傅加入酿酒厂后，他致力于新产品的开发与研制，决心将先进生产设备和传统手工制曲工艺结合起来，并且通过不断试验开发出了更多口味的黄酒，创立了更多品牌。2000年后，酒厂在黄师傅的带领下有了新一轮跨越式发展。2010年，新产品系列逐步面世，目前开发的“竹坝系列经典白酒”“沉中酒系列经典黄酒”“竹坝高粱酒”“竹坝金酿”等系列产品业已推向市场，获得了一定的好评。为了迎合广大消费者的需求，黄师傅带领酒厂技术人员进一步研发浓香型白酒。[1]

目前酒厂正进行新一轮的规划发展，拟建设竹坝酒文化园，打造“旅游＋研学”的新模式，将旅游购物、教育科普和酒文化传播融为一体，更好地将竹坝独特的酒文化进行保护与传承。

图 4-5　竹坝白酒（来源：“田园竹坝”公众号）

（二）厦门市百味果酿造工业有限公司

另一家具有代表性的酒文化企业是厦门市百味果酿造工业有限公司，其名称中的“百味果”是在中国和法国两个千年文明的相遇中诞生的，是中法文化的结晶。中法两种文化中，崇尚美好生活和乐于社交宴会的习惯会促使社会不断创造新的产品，“百味果”系列产品就是这种现象的一个例证。

“百味果”是坐落于风景优美的竹坝农场的一座“宫殿”。厦门市百味果酿造工业有限公司主要有 4 种系列产品——果酒、利口酒、烧酒、果醋。公司采用现

[1] 海峡导报茶周刊．我为酒来代言：同安竹坝华侨酿酒厂黄一心手工纯粮酿造白酒［EB/OL］.（2018-07-31）［2020-12-15］. https://mp.weixin.qq.com/s/HON_qxEJb_oNCW0jKBlwxQ.

代化的生产工艺，并有法国专家亲自指导、监督每个生产阶段的质量和整个生产流程工艺。公司的产品风味多样，可以满足人们口味上的不同需要，更能让当地人品尝到带有异国风情的独特口味。

第四节　竹坝农场的旅游业

一、竹坝农场旅游业概述

竹坝农场素有“小联合国”之称，是一个融南洋风情与田园风光为一体的好去处，来自印度尼西亚、菲律宾等8个国家的5 000多名归侨，将异国风情带到竹坝农场。竹坝农场以南洋文化为主导、异域风貌建筑为载体、特色美食风俗为体验，向游客提供富有异域色彩的旅游景点，让人们不用走出国门就能体验到南洋风情。其在成为厦门唯一的东南亚人文旅游资源的同时，还成为当地得天独厚的旅游品牌，吸引无数内外游客来此体验南洋风俗。异国风情与回归自然成为竹坝旅游的主题定位，同时竹坝农场开拓生态与生产、观赏与休闲、农俗特色活动和研学产业，向游客展现竹坝生态旅游独具特色的魅力。

二、竹坝农场独特的乡村风光

竹坝农场位于同安城区东北部，农场北部为自然山体，中部、南部为大片农田、居民点聚集区以及工商业用地，村庄建筑复杂多样，主要有闽南燕尾古厝、现代风格建筑及南洋风情地标等。竹坝农场周围为大片原始森林，生态环境优越。

竹坝南洋风情休闲度假区有着富有乡土特色的景观，如河流、古树、庭院、街巷、晒场、老戏台、祠堂等。一进游客集散中心便能看见道路两旁栽种了成排的王棕树，羽状树叶四季常青，任何时候都可见满眼的葱郁，与蓝天相衬，随手一拍都仿若风景画。若是夏秋季来到这里，在夕阳落下之时，甚至能看见漫天的火烧云，天气好的时候能在夜晚看到满天星海。度假区内还有各种不同种类的花被植物或作物观光园等，特别是在春夏秋季，大片的青草和各种绚烂的鲜花与各式各样可爱的小动物，石子路通向村庄，潋滟的湖光山色和秀丽的田园风光旖旎迷人，可以让游客迅速进入放松惬意的状态，在假期得到完美的放松。除放松身心外，还能为游客提供大片的山林或异域建筑作为拍摄背景，有利于打造田园打卡风景区。

三、竹坝农场独特的异域风情

在竹坝，南洋歌舞惹人醉，舞蹈者会全部赤着脚，身穿独特的南洋服装、佩戴各色饰品，充满别样的风情和韵味。这些自印度尼西亚、越南、柬埔寨、泰国、缅甸、新加坡、马来西亚、菲律宾 8 个国家归来的华侨们能歌善舞，他们那带着蕉风椰雨、南洋风情的民族舞蹈具有异国情调，服装绚丽，舞技娴熟，舞姿优美，或奔放，或柔婉，亦歌亦舞，歌舞并茂，展现了东南亚国家的民族舞蹈艺术，成为当地一道独特的风景。近年来，竹坝南洋风情舞蹈走出竹坝，频频亮相于政府组织的大型晚会和庆典，并经加工编排后参加各级会演和比赛，赢得了多项荣誉。

据介绍，竹坝农场的南洋归侨们都非常喜爱歌舞并且大多具有表演天赋，他们从小就在家里学习特色舞蹈，老老少少，代代相传，并且舞蹈人群不断壮大，生生不息。这种自发的民间舞蹈表演，俨然成了竹坝农场的一大特色和亮点，当地人将其逐渐系统化，有意打造一支独特的南洋风情舞蹈团。

图 4-6　南洋风情服饰

四、竹坝农场独特的美食

竹坝农场极具特色的还有来自东南亚的南洋美食，其中常见的有印度尼西亚芭蕉粽、黄饭、咖喱鸡、海蛎片、什菜汤、印度尼西亚肉串、印度尼西亚春卷、美果鱼丝、土豆肉丸、豆腐肉丸、酸甜牛百叶、椰城牛肉、万隆粉丝、巴东牛肉、苦瓜肉丸、白斩鸡、索托牛肉汤等。每一款均带有浓烈的东南亚蕉风椰海风情，正宗的归侨厨艺大师烹饪的地道南洋私房菜，喜迎八方游客，将竹坝农场变成吃货们的“天堂”。有的侨民还会自营特产店并支持微信线上订购，让手工制作的南洋糕点走出家门甚至走出国门，让更多人能品尝到千里之外的南洋香醇。

（一）手工糕点

竹坝农场的南洋手工糕点有很多，其中以刘瑞金女士的千层糕在当地最为出名。南洋糕点种类繁多，蛋卷、千层糕、木薯饼、苹果酥、烤饼、肉松盒、糯米糕、马汉卷及各种说不上名字的糕点数十种，每款都独具口味，且带着浓烈的南洋特色，既是绿色食品，又是馈赠亲友的上好佳品。

图 4-7　手工糕点（来源：“田园竹坝”公众号）

图 4-8　蛋卷（来源：“田园竹坝”公众号）

其中尤其值得一提的是手工艺程序极为复杂的千层糕，因其韧、香、甜，被人称为“可口的橡皮擦”。印度尼西亚归侨刘瑞金从 19 岁起就开始琢磨经营印度尼西亚传统私房菜，千层糕就是其中一种。据她所述，因为其工序复杂，千层糕是过年才能吃到的东西。在印度尼西亚，女孩子嫁到婆家必须有拿得出手的糕点或者是菜肴，于是刘瑞金就向外婆学习了地道的千层糕制作方法。制作千层糕的材料除了有普通蛋糕会用到的全蛋黄、黄油、面粉、糖之外，还有牛奶椰浆以及一种来自印度尼西亚的独特香料 Spekkoek，这种香料加进去后能让蛋糕甜中带咸，鲜香可口却又甜而不腻，非常适合下午茶。

刘瑞金的千层糕是经过小烤箱反复一次一次烘烤才呈现出“千层”的花纹的。她说小的烤箱才能更好地锁住蛋糕的水分，因此一个烤箱至多同时烤两份千层糕。千层糕的制作十分讲究，又因为是纯手工制作，刘瑞金为保证蛋糕的质量与口感，所以无法量产，只接受微信上的订购和现场售卖。虽然放弃量产无法让印度尼西亚千层糕走向世界各个角落，但却让正宗千层糕的香甜留在了每位亲自品尝过它的顾客的回忆里，还拥有了大批回头客。

图 4-9　南洋千层糕（来源：“田园竹坝”公众号）

（二）印度尼西亚芭蕉粽

印度尼西亚芭蕉粽与厦门本地的肉粽差距甚大。首先是形状，厦门的肉粽是三棱锥形，体型较大，粽粒用绳子捆绑，而印度尼西亚粽的粽叶是野山蕉的蕉叶，粽粒也不用绳子捆裹，而是用竹签固定住粽子的两端，它体形细长，呈长条状。拨开蕉叶，白白的糯米层没有一丁点馅料露出，因为馅料都集中在糯米层的中心。其次是馅料，厦门肉粽馅料丰富实在，有大块的五花肉、香菇、板栗和咸蛋黄等，而印度尼西亚粽的馅料带有独特的印度尼西亚风味，肉馅香而不腻，与香料融合得恰到好处，让人吃了一口还想再吃，香糯可口，唇齿留香，是当地居民都十分喜爱的美食。

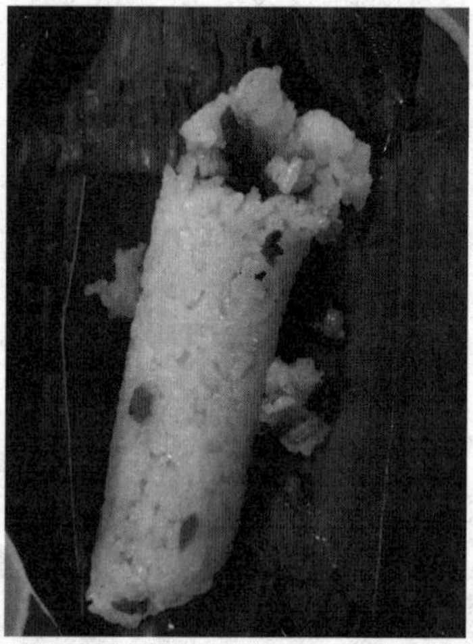

图 4-10　印度尼西亚蕉叶粽

（三）阿拉比卡咖啡

在竹坝农场种植阿拉比卡咖啡其实是厦门芳都观光园谢硕章的新尝试。数年前谢硕章回台湾时，其朋友准备丢弃一些规格不统一的咖啡盆栽，谢硕章觉得种苗扔了可惜，便将这些咖啡盆栽带到了厦门，带回了竹坝，在果园里建设了一条咖啡步道。本来只是不忍心咖啡盆栽被毁，却令谢硕章没想到的是，厦门的气候条件竟非常适合这些咖啡植株的生长，于是谢硕章开始认真种植咖啡。阿拉比卡豆其实是商业咖啡豆中很重要的一种，结果期在 3 年以内，有优质的香味和酸味。单就成分来看，阿拉比卡咖啡的咖啡因含量较低，比例在 0.9% ~ 1.2% 之间，脂肪和糖的含量相当丰富，因此气味柔和、不刺激，口感清新微甜，有时会带一些清爽怡人的酸味，受到众多咖啡爱好者的喜爱。来厦门 20 年，台商谢硕章见证了竹坝农场从一个归侨安置农场发展成了一个具有南洋风情的现代农园，也更让谢硕章坚定了继续在竹坝农场扩展休闲观光农业的信心。

五、竹坝农场独特的活动基地建设

集研学活动、团建拓展活动和娱乐活动于一体的基地建设是竹坝农场现有的一个重点开发板块。竹坝农场现已有较为完善的配套设施，部分企业还配有相应的活动设计方案，能让游客不用提前做计划、只身前来便能体验一整套娱乐项目。不过在发展重点上，竹坝农场还是更倾向于发展研学教育产业，致力于为全市青少年提供一个独特的社会实践基地，其以厦门市青少年综合实践基地为中心，以周边高新技术农业企业为辅助，共同搭建服务于青少年学习实践的研学平台。

孩子们可以在教官的带领下感受半军事化管理，提升自我的约束力，并和教官与同学们结下深厚的情谊；还可以到厦门航天农业特色小镇观赏由不同颜色农作物组成的北斗七星园，在了解航天知识的同时还可以体验到农耕活动，或者选择品尝经过外太空旅行回来的优质种子培育的时蔬；还可以选择到厦门百利现代农业科技园领略现代高科技农业的魅力，切身感受农作物的培育和生长，学习关于种苗嫁接的生物知识，感受不一样的田园风光；还可以到芳都观光果园亲手采摘瓜果，并品尝优质的新鲜水果，特别是其招牌水果黄金阳桃和白金阳桃。

在团建拓展和娱乐方面，最主要的核心活动还是田园农家乐活动，目前在运营大型农家乐或涉及农园体验的企业有很多家，模式也多种多样。游客可以到土窑农家合作社体验一番烤地瓜的乐趣；可以到意丰农场休闲山庄体验空中滑索；可以到厦门煌萍茶树观光园欣赏各种奇花异草、造型各异的盆景、稀有茶树、珍柏、树葡萄等植物。另外，竹坝水库及周边水陆 8 000 多亩地也将开发成一个集水上运动、垂钓、野营、烧烤、攀岩等多功能综合性项目的旅游中心，可供大量游客游玩。

（一）归侨史迹馆

竹坝农场的归侨史迹馆是由同安区侨联与竹坝农场联合创办的，参观者可以通过一件件实物、一段段文字、一张张图片、一串串数字，仿佛亲身感受一般体会到竹坝归难侨、竹坝原住民和来自山美水库、长江三峡库区的移民患难与共、肝胆相照的经历。他们曾同心协力开荒垦地、种果植树、建水库、修公路、开工厂、兴教育、办医疗，他们怀着最炙热的初心辛勤耕耘，在竹坝农场这片热土上艰苦奋斗。他们都希望能共同建设一个富饶美丽、安康祥和的新竹坝，所幸一切都如他们所期盼的一样，他们创造出了一个又一个的人间奇迹，谱写出了一曲又一曲的拳拳赤子情歌。

归侨史迹馆在华侨新村和游客集散中心边上，是由为数不多的保存较为完整的旧电影院改造而成，具有极好的地理优势。归侨史迹馆周边建筑保留并修补了具有闽南风格的旧建筑，周边还有一个大水塘，未来预备保留周边的原生植被并增种市树凤凰木等植被美化环境，致力于将归侨史迹馆打造成具有乡愁情怀、爱国情怀和文化爆点的网红打卡景点。归侨史迹馆还会延续旧电影院的功用，兼具5D归侨史放映和演出功能，定期播放老电影，将旧址资源最大限度地盘活，成为闽南地区有名的怀旧影视基地，相信到竹坝农场归侨史迹馆参观也将成为不少游客的选择。

（二）厦门市青少年综合实践基地

厦门市青少年综合实践基地是一座面向全市中小学生，旨在全面提高青少年思想道德素质、文化科学素质和心理素质，集学军、学农、学工于一体的综合实践基地。它是厦门市委、市政府为青少年办实事项目之一，一期工程占地15亩，投入1 170万元，用于基地宿舍、厨房、办公室的建设装修以及生活设施添置，每次可接待600名学生进行社会实践。青少年综合实践基地已经卓有成效地开展了针对小学、初中、高中不同年龄阶段的青少年的研学课程，主要通过农耕文化、南洋文化、拓展训练、野外求生等四种大类30余门子课程，提高青少年的思想道德素质、文化科学素质和心理素质。基地目前有30多个项目可供选择，除了插秧、种菜，还有制作南洋风味糕点、钓鱼、星空露营、野外训练、进农家开展调查等丰富的实践活动，能让孩子们积累不同的生活经验并增进与家长们的情感联络。

让学生们走进大自然，在提高身体素质的同时与大自然亲密接触，体验和探索人与大自然之间密不可分的关系，可达到思想教育的效果。青少年综合实践基地通过实地研学实践能使学生开阔知识面，挖掘潜能，提升创新思维能力以及动手实践能力，还可以通过各种团队合作活动项目提升合作能力，提升团体凝聚力和集体荣誉感。其现已承接了厦门市多所中小学的社会实践活动，与此同时还承办了多种夏、冬令营活动、企业团建以及亲子营活动等。厦门市青少年综合实践基地口碑良好，并于2020年被厦门市教育局选为第一批厦门市中小学生劳动教育实践基地。厦门市青少年综合实践基地逐渐发展为竹坝农场的重点建设对象，具有可观的发展前景。

图4-11 厦门市青少年综合实践基地活动照片（来源："田园竹坝"公众号）

（三）自行车道项目

竹坝旅游的品牌在近几年得到了市场的认可和肯定，但是由于区域内的景点相对分散，使得各个景点不能很好地串联，造成游客游玩不便。为了给游客提供更好的旅游环境，农场便修建了一条把区域内的景点串联起来的自行车道路。自行车道项目，是竹坝旅游建设项目的点睛之笔，它长5千米，路面宽3.5米，全线铺设彩色沥青。自行车道连接竹坝各个景点，与整个景区充分整合，让景融于车道中，车道融于景中，游客可以在这里找到“乐在其中、途我自在”的美好心境，喜欢锻炼身体的人也能在运动的同时领略竹坝农场的各种景点。

自行车道自景区狮鱼门起，经意丰农场休闲山庄、竹坝南洋会馆、芳都观光果园、百味宫旅游度假山庄、土窑农家合作社、茶花园、厦门百利现代农业科技园，再回到景区狮鱼门。项目整体设计框架为“一环、两心、多点”。“一环”自景区狮鱼门起，经意丰农场休闲山庄、竹坝南洋会馆、茶花园、厦门百利现代农业科技园，再回到景区狮鱼门。“两心”为狮鱼门左侧的主入口广场和以荔枝林边上的农田为主景的周边景观。同时还设置了休憩站节点、滨水休闲平台景观节点、碧波观景平台景观节点等“多点”景观，让游客能感受被青山绿水包围的独特体验。

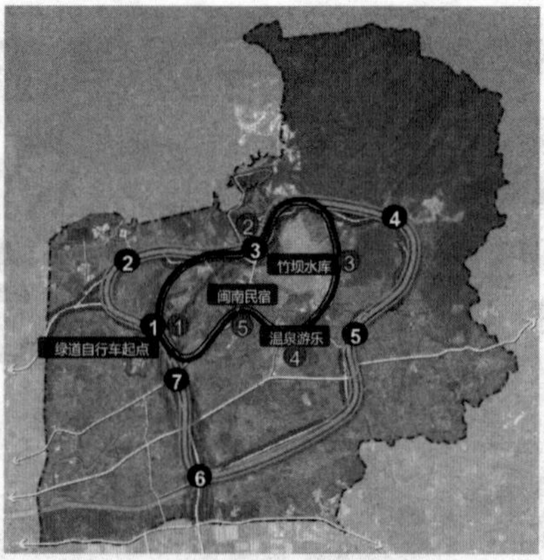

图4-12　竹坝自行车道分布（来源：“田园竹坝”公众号）

（四）厦门航天农业特色小镇

中国首家“航天农业特色小镇”——厦门航天农业特色小镇，计划投资50亿元。该项目将分为两期建设，打造“一园两馆四区两中心”的空间格局。“两馆”包括航天科技博览馆和航天农业体验馆；“四区”包括航天五谷创意观光区、航天果蔬休闲采摘区、航天中药养生体验区和航天花卉摄影采风区；“两中心”包括航天育种产业促进中心和航天国际交流中心。该项目致力于建设全国第一家文旅农三产融合的航天农业特色小镇，成为国家级科普教育基地、爱国主义教育基地，并积极开展辐射福建本省乃至全国的青少年研学旅行活动。

厦门航天农业小镇集航天科技博览、航天农业体验、航天育种展示、航天果蔬采摘等功能体验于一体，是厦门恒加盈航天科技有限公司联合中国空间技术研究院、航天神舟生物科技集团有限公司共同打造的国内首家航天农业小镇，同时也是中国空间技术研究院“航天搭载业务战略合作伙伴”“空间生物联合实验室”以及厦门市同安区青少年科普教育基地、大地传媒研学联盟科普教育基地。项目完全建成后，将为同安区乃至厦门市文旅、农业的发展注入强大而持久的活力。

说到航天科技、农业生态、自然花海，很难想象看似风马牛不相及的三种元素竟能如此协调，当它们被融进一片园地时，还能碰撞出万花筒似的美景，风情无限。这里山峦重叠，百花连成海，在这片小小天地你可以体验农耕生活，享受田园乐趣；又或者是感受生态与人文完美结合，观赏异域风情与山野闲情相映成趣；又或者是当夜晚来临之际，将土灶、烧烤架摆上，看着烟火气息冉冉升起，炊烟袅袅。吃上一口自己亲手制作的美食，用味蕾体会食物与牙齿之间的碰撞散发出来的香气。

航天小镇中还有一家餐厅，主打田园养生特色菜，在这里，游客可以在航天小镇享受一顿正宗田园风情餐食。这里有从园区里随手摘下的航天果蔬，也有农民伯伯地里现摘的新鲜蔬菜，还可以有游客刚从鱼塘钓到的大鱼。没有游客想不到的美食，只有游客吃不腻的口味。

图 4-13　厦门航天农业特色小镇

（五）栖竹·朴舍民宿

这间栖竹·朴舍民宿是竹坝农场内最具代表性的民宿，其装修风格十分有味道，它不同于现在流行的欧美风或冷淡风装修，而是贴合了山水所构成的娴淡气质——自然田园风。清晨伴着山野晨雾醒来，白天躲在露台上看书喝茶，傍晚在田野里感受自然。从露天露台眺望近处的人家、远处的田园青山，身边还有火红的朝霞与余晖陪伴，时有飞鸟轻掠，时有清风拂面，几声犬吠鸡鸣，恍若世外桃源。

城里人都会厌倦钢筋水泥丛林中的车马喧嚣，或许每个人心中都有一个“晨兴理荒秽，带月荷锄归”的田园梦——依山而歇、绿水环绕、轻挽衣裤、采摘农作。而民宿恰好是一个可让疲惫的身心在山水自然里得到神奇治愈的地方。随着人们生活水平的提高，民众享受生活体验生活的方式更加千变万化，住民宿不再仅仅是人们为了追求便宜的休憩点。现如今许多带有特色主题的民宿价格甚至能与酒店媲美，有的还高于一般的酒店。其价格昂贵的主要原因是民宿的装修风格不仅仅是为了满足游客简单的居住需求，更多的是为游客提供了舒适宁静的氛围。甚至有些住客并不是如外地人那般略带强迫性的入住，而是想主动享受民宿给他们带来的舒适感与愉悦感，抑或是他们主动想要寻求一份舒适的空间。

民宿共分为5层，第一层和第五层是休闲公区。在第一层有独立的会客厅和茶室，方便来这边居住的人商务之用，如此看来，躲进山里开个会也是不错的选择。第五层是健身房和露天露台，健身房内哑铃、跑步机、瑜伽垫等一应俱全，不管你是有健身习惯也好，还是因为想重启自己也好，这里都不会让你失望。

二至三层共有两个亲子房、六间大床房，分别命名为“笙、箫、笛、筝、笠、筌、筒、籁”。房间里面使用的都是木质纹理的地板、原木色的桌椅、藤制的床和沙发、棉绳编制的挂毯、竹制的吊灯和棉麻的床品，无处不在的小心思将这满目山色都带进了房间，让你能完完全全地在这田园山水之中沉浸自己。八个房间，各有意趣，满足不同需求——适合情侣来一场浪漫度假，或者两三个家庭来一场小聚会，又或者是公司来一场小范围的团建，这里都是极佳的选择。

图4-14　竹坝农场栖竹·朴舍民宿（来源：“田园竹坝”公众号）

（六）大众温泉

竹坝温泉建设项目由市、区两级主导，温泉管道铺设已开工建设多年。据悉竹坝农场的温泉管道已铺设完成，并已建设好温泉泡池，目前等待温泉源头的泵房的建设完工，就可以对外营业。更有一幢高层酒店拟于近期建设，完善其产业配套设施，建设完整的温泉旅游链。但由于疫情突发，该活动设施至今还未修建完毕对外开放。

泡温泉是一种十分健康且适合亲朋好友一起参与的放松方式，温泉水适宜的温度不仅能让人们缓解疲劳，有益于人们的身体健康，而且温泉中含有的微量元素对皮肤有很大的益处。随着人们生活水平的提高，泡温泉也逐渐成为人们放松娱乐的热门项目，但厦门本地的温泉项目并不多，如若建成营业，必能成为竹坝农场又一记响亮的娱乐休闲招牌，吸引大量游客。

第五节　独特的研学系统

竹坝农场相较于其他华侨农场最大的特色便是它还有独特且较为成熟的研学系统。其积极响应乡村振兴政策，优化土地利用结构，致力于打造一片专门为提升青少年综合素质的乐园，推动一三产业融合，实现教育、旅游、实践、休闲融为一体。研学活动主要是通过发挥青少年户外营地作为“教育 + 旅游 + 体育 + 休闲”的新产业新业态的优势，这样有助于应对传统乡村田园旅游产业愈演愈烈的市场竞争、旅游季节的周期限制、旅游产品的快速迭代等挑战，实现乡村多产业融合，深度挖掘乡村资源综合价值。

青少年户外营地的建设不仅充分体现了创新、协调、绿色、开放、共享的发展理念，更有效地推进了城乡融合，能很好地提升当地基础设施条件与公共服务能力，促进人与自然和谐共生，改善乡村的生活环境，让乡土文化更好地传承。另外，该模式还能提高农民年均收入，拓展增收渠道，促进农民增收脱贫，提升农民的综合素质。特别是能促进农民返乡就业，推进贫困地区的精准扶贫，实现土地有人耕，乡土有人住，一同脱贫致富。由此可见，乡村振兴战略的推动实施与青少年户外营地建设发展之间相辅相成、互为补充的内在联系，不仅体现了新时代乡村发展与时俱进的创新精神，更展现了“绿水青山就是金山银山”所蕴含的价值理念。

再说研学活动的必要性，现在很多课堂教学会被三尺讲台所限制，大多数课堂知识只能通过口述、书面或者图片影像来展现，具有一定的距离感和限制性，没有办法让学生真切地感受部分较为抽象的概念知识。根据研究，具有交互活动的学习更能让学生更好地学习并掌握知识，而研学活动的情境唤起作用和研学活动过程中的经验学习，是保证教育功能实现的关键。根据旅游领域有关经验学习理论和情境学习理论的研究发现，情境和经验学习在研学活动中都具有关键作用，旅游提供的离开惯常环境的全新情境对唤起学习、探索意愿有较强的促进作用，因此，研学活动开展中应当重视活动地点的选择，尽量选择对参与者而言，较为新鲜和陌生的环境，这对提高学习效率是有所助益的。

参与群体经历情境唤起后将进入正式的旅游学习环节。在该过程当中，通过与资源、知识、个体的交互将经历经验转换为学习的经验、反思、分析和评估环节。其中，经验在该过程当中起着重要的作用，通过亲身的经历、互动、参与，参与者充分发挥主观能动性和学习兴趣吸取新鲜知识和技能；反思环节既可能发生在学习现场，也可能发生在旅行活动结束后，由于组织者常常会在研学活动结束后组织学习、记录、分享和思考行程的收获，因此在该环节中参与者对旅游活动进入反思环节的学习，对经验环节的所思所想进行再次梳理和分析，从而完成经验学习的整个环节。

优势行动价值是贯穿整个研学活动的素质基础与素质提升对象。研学活动是在课堂之外进行的，区别于课堂上的认知型学习，涉及情感、行为等多方面的因素，因此个体在整个活动进行中的自身能动性发挥起着关键作用。例如好奇心和勇于探索的特性将明显地影响个体在研学活动中的参与性和积极主动性，而团队精神、领导力、判断力等品性又能在实践活动的开展中得到提升。其差异在不同类型的研学活动对个体优势行动的影响面有所不同，例如，参观名山大川等将会促进参与者审美能力的提高，参与爱国主义教育将有助于培养个体的责任感、信仰等，而文化知识类活动对个体的学习、探索等有所助益。优势行动价值既是研学活动的推动者，也是受益者，因此，它构成研学活动的核心环节。

而竹坝农场青少年综合实践基地很巧妙将相关的各种元素结合在了一起，打造了一个能够经久不衰且不受自然因素干扰的研学招牌，有效地保证了竹坝农场的一大收益来源和就业来源。在带动当地经济发展的同时，也将一三产业进行了有机的结合，为市农业、旅游业以及教育方面都起到了良好的推动作用，是很值得借鉴模仿甚至是推广的模式。

第五章　竹坝农场独特的风土人情

第一节　概述

在共同创建竹坝农场这片新家园的过程中，由于归侨们多为国家分配而来到此地，他们大多数人的祖籍并不在厦门当地（甚至不在福建），再加上各种文化背景、生活习惯带来的沟通问题等，最初的归侨面临着寻求文化认同、寻找自我身份的困境。伴随着多样特殊的历史缘由和文化背景，在竹坝农场这个小小的“联合国”里，勤劳淳朴的归侨们，带着对这片土地的热爱，辛勤耕耘，繁衍生息。他们在曾经的红泥山丘地，开辟了耕地，植树种果，建水库、办酱油厂与米粉厂，甚至还有自己的电影院……归侨们在竹坝这片曾经的荒地，深深地扎了根，安了家。他们将从侨居国带回的美食和文化，播撒于这片土地，各种文化习俗交织碰撞，并且代代相传，共同形成了如今竹坝农场独具特色的南洋风情。

5-1　竹坝农场外景

5-2　竹坝农场的工艺展览馆

5-3　竹坝农场工艺展览馆里的艺术品

5-4　竹坝农场工艺展览馆里珍藏的录音机

5-5　竹坝农场干净整洁的街道

5-6　竹坝农场建设中的果林

第二节　农场早期的文化碰撞

一、期待与落差

（一）满怀期待

20 世纪五六十年代，国际形势复杂多变。一方面，排华事件陆续发生，严重威胁到了在外华人的正常生活和生命、财产安全。虽然也有部分归侨在决定回国前并未直面“排华”现象，“但人们的议论多了，内心也很不安定”[1]。加之在当地，华人华侨的谋生渠道受阻。例如，在当时，许多华人在东南亚地区从事商业活动，开杂货店做个小生意是最常见的方式，收入也不错。也有一大部分华人是从事农业活动，受雇于果园等。但由于时局动荡，在各种政策规定（例如，不允许在农村做生意）、社会治安（例如，当地土匪的抢劫掠夺）、同行竞争、求职困难（即使做苦力也很难找到工作），还有躲避服兵役（部分地区华人在军队里受排挤）等的原因，华人在海外的生活愈发艰难。另一方面，当时新中国的社会主义建设如火如荼，远在海外的华人们通过报刊看到了祖国的发展。大人们“围在一起讨论的就是祖国好，一心都想着回到祖国”。“人们都说，就是回到祖国，没

[1] 陈毅明．竹坝沧桑：同安竹坝农场归侨口述历史资料［M］．北京：海洋出版社，2012：2.

得吃、没得穿，也心甘情愿”。[1]

在各种内外因的驱动下，华人们在期待或犹豫中登上了归国的轮船，他们渴望着在祖国的土地上建设新家园，他们期待着为社会主义事业添砖加瓦。

（二）初见农场

大多数归侨乘坐轮船回到广州，被暂时安置于华侨接待站，等待进一步的安排。满怀期待回到祖国的华侨们，所看到的广州码头是这样一幅情景：“一上岸，我们就发现码头上的人穿的是麻袋做的衣服，而且还是破破烂烂的，脚上穿的是木屐，走起路来嘎吱嘎吱地响。”[2]

对于“竹坝农场”这个选择，既有自愿的，也有被安排的。在不同原因的驱动下，开启了向竹坝的“征程”。那时归侨们先是坐火车到达厦门，再乘坐汽车前往竹坝农场。

汽车一路颠簸，越是靠近农场，路越是难走，除了山还是山，眼前的景象使大人们越来越担忧，当汽车停在一片荒凉的山丘地旁并被告知这就是农场时，在广州见到的美好的农场（建设）图景怎么也找不着了。眼前是一片红泥土的山丘地，中间开辟出一片土地，建了五幢平房，不远处是食堂。[3]在陈毅明的《竹坝沧桑：同安竹坝农场归侨口述历史资料》一书中记录了罗新姝老人的回忆。通过老人的讲述，我们可以看到最真实具体的竹坝农场原貌。面对这番荒凉的景象，在人们意外的感叹和无奈的埋怨中，不少女人和小孩默默地流下了眼泪。

---

[1] 陈毅明 . 竹坝沧桑：同安竹坝农场归侨口述历史资料［M］. 北京：海洋出版社，2012：2.

[2] 陈毅明 . 竹坝沧桑：同安竹坝农场归侨口述历史资料［M］. 北京：海洋出版社，2012：124.

[3] 陈毅明 . 竹坝沧桑：同安竹坝农场归侨口述历史资料［M］. 北京：海洋出版社，2012：3.

5-7　竹坝农场的居民房

（三）开垦定居

留在这片“荒地”，还是离开另谋出路？不单单是竹坝农场，当时分散于祖国各地农场的归侨们都面临着同样的抉择。归侨再次出国是一个普遍现象。例如在陈云云的《归侨的归属感研究——以广西来宾市华侨农场为例》一文中曾这样讲述当时的来宾华侨农场：面对现实，归侨们有很大的心理落差，部分归侨在来宾华侨农场稍作停留之后，通过海外亲友，或者是利用当时的移民和难民安置政策，开始了将近10年的漂泊与奔走，试图离开农场。[1]文中来宾华侨农场的一位印度尼西亚归侨，说出了当时许许多多归侨内心最真实的想法：

我们刚开始回到中国的时候很不习惯……印度尼西亚归侨父辈的思想是很爱国的。很多归侨回国时都做好了心理准备，因为他们知道回来就要做农工。尽管他们还不会做农活。现在的人见哪里好就去哪里，不像以前老一辈那样，老一辈

[1] 陈云云．归侨的归属感研究：以广西来宾市华侨农场为例［J］．八桂侨刊，2012（2）：23-25.

归侨当时只是渴望回到祖国的怀抱，落叶归根，所以就带着一家大小回来了。刚回到农场时，很多归侨的心态是很不稳定的，因为回国时的境遇和我们在印度尼西亚时对国内的生活想象有很大的差距。

这位印度尼西亚归侨表示“当时真的有一种‘被骗’的感觉”。在这种情况下，面对归难侨极大的心理落差，农场的干部几乎每天都要去队里给大家做安定工作。

从工具论看来，有理性的人无时不在算计和优化自身的利益。在农场的艰难生活，让归侨回国时带有的美好憧憬破灭。他们只能通过各种各样的方式来选择更适合更有利于自己生存的空间。[1]于是，有许多归侨来到竹坝后，因为接受不了这样“出乎意料”的农场，又或者因为不习惯农耕生活，毕竟“以前在印度的时候从来都没有种过地，所以根本都不会种”，他们通过在国外亲戚朋友的帮助，选择再次出国谋生。而选择留在竹坝农场的归侨们，则开启了日复一日的开垦耕耘。尝试各种从未干过的农活，种龙眼、挖水库，他们决心在这片满眼荒凉的土地上，创造新的家园。

竹坝农场的归侨来自 8 个国家，以印度尼西亚归侨为例：孙晟先生通过对竹坝农场 1961 年的印度尼西亚归侨数据资料的研究分析和在农场的田野调查发现，在当时（2003—2005 年）总共 253 户印度尼西亚归侨家庭中，只有 2 户的原籍属于农场所在的同安县，倘若将原籍范围扩大到整个厦门地区，归侨中也只有 7 户可以算得上“厦门人”[2]。在当时，有部分归侨是不愿回到祖籍地的。那时候人们外出远漂海外，原因很多。例如晋江人出国的“三潮”：“兵灾潮”“风灾潮”和“匪灾潮”，但归根到底最重要的原因，就是因为家乡太过贫穷，难以生存。如

❶ 陈云云 . 归侨的归属感研究：以广西来宾市华侨农场为例［J］. 八桂侨刊，2012（2）：23-25.

❷ 陈毅明 . 竹坝沧桑：同安竹坝农场归侨口述历史资料［M］. 北京：海洋出版社，2012：189.

今，又是一次“为了生存”的移民，他们拒绝再次回到那个当初想方设法所逃离的家乡。甚至在当时有夫妻就“是否回家乡”的问题产生争议，有的人表示：宁可离婚也不愿回去。也有一部分人是因为离开家乡在海外生活多年，各种生活习惯早已养成，害怕回祖籍地后反而不适应。这种情况下，他们更加希望和农场里的归侨住在一起。虽然彼此之间互不认识，但大家的生活方式相对来说，是比较相似的，某种程度上说，更有熟悉感和亲切感。

种种背景之下，对于当时农场绝大多数的归难侨而言，在经国家安置后，在自愿或不自愿中，他们处于一种“归又不归”的特殊处境：他们归的是祖国这个大“家”，而非祖籍地的那个小“家”。[1]又或者说，他们是来到了一个新家。正是这种回归之地非祖籍地的特殊背景，构成了华侨农场独特而珍贵的历史记忆与文化风俗。

5-8　竹坝农场的“创意涂鸦”楼房

[1] 陈毅明. 竹坝沧桑：同安竹坝农场归侨口述历史资料［M］. 北京：海洋出版社，2012：189.

（四）身份问题

归侨们所面临的挑战，除了需要开辟到处都是荒草的土地，以寻得物质上的存活之外，他们还需要寻求精神上的“立足”——我是谁?

亨廷顿曾指出，不同民族的人们常以对他们来说最有意义的事物来回答“我们是谁”，即用“祖先、宗教、语言、历史、价值、习俗和体制来界定自己”。对于当时竹坝农场的归侨们来说，当初由于生活艰苦，到海外谋生时，在侨居国的他们被称为“外国人”，亦自视为飘零的过客。但因为“我是华人”，我的根在中国，我选择了回家。

他们漂洋过海，历经艰难险阻回到祖国，如今却又好似“寄人篱下”。在竹坝农场这个“新家”，由于他们当中大多数人的祖籍地并不在厦门，他们的祖先、历史文化、信仰习俗还有语言等，不同程度上与当地的原住民有很大的区别。血脉和祖先迫使他们离开侨居国，宗教、语言、价值、习俗和体制又迫使他们在祖先的土地和同胞的群体中继续流亡，在竹坝农场——这个即将安家的地方，这些华夏血脉的归侨又被称作“番仔”。在用以界定自我身份、产生认同的条件内部产生分裂时，归侨们一度陷入了迷茫与困惑：我是谁？我的身份究竟是什么？

这个问题被很多学者从不同的角度进行回答，如刘朝晖运用“社会记忆”概念探讨归侨的认同建构问题[1]，俞平云通过考察不同归侨群体之间的关系建构、归侨与非归侨之间的关系建构来剖析归侨的认同问题[2]，孙晟则用“家”的意识建构与归侨群体之间的认同关系进行对比[3]，这些研究都从个体出发来建构群体的意识，从而分析探讨归侨的身份认同问题。但在与外界的群体寻求身份认同之前，华侨内部首先要形成共同体身份——归侨共同体。

---

[1] 刘朝晖 . 社会记忆与认同建构：松坪归侨社会地区认同的实证剖析［J］. 华人华侨历史研究，2003（2）.

[2] 俞平云 . 一个特殊社区的历史轨迹：松坪华侨农场的发展史［J］. 华人华侨历史研究，2003（2）.

[3] 孙晟 . 重建家园：松坪华侨农场印度尼西亚归侨群体研究［J］. 华人华侨历史研究，2003（2）.

归侨在大的文化传统方面与祖国的融合并不存在问题。竹坝农场的归侨来自印度尼西亚、越南、泰国、新加坡、柬埔寨、缅甸、马来西亚、菲律宾8个国家，这些国家都处于"龙文化圈"的辐射范围，在历史上就深受中华文化的影响。华人聚族而居的传统也为继承传统的文化习俗提供了良好的环境。因此这些归侨大多保留了对祖国的认同，即使是出生于侨居国、从未与祖国接触过的侨民，他们的记忆中也会包含一些关于祖国的文化印象。在小的文化传统方面，侨民也遵循祖籍地的生活方式、礼仪习俗等，或是使用方言进行内部交流。但是，在侨居国进行社会文化适应的过程中，这些归侨的生活方式和文化传统不可避免地被调整，虽然在最基础的文化内核上，归侨能够与农场周边的村民们保持一致，但是小的文化传统如丧葬嫁娶习俗、饮食习惯、人际关系处理方式等方面存在着较大差异。这些差异使归侨面临诸多不适应，他们时刻被这些细小的冲突提醒着自己的异质身份，促使归侨在确立认同来摆脱迁移者的尴尬身份。

归侨向外寻求认同的过程同样困难。现实中的祖国与归侨们想象中的祖国既有差别又有重叠，一切用以界定自我身份的条件与祖国既有共鸣又有隔阂。他们仿佛站在两种文化的边界，可以靠近却又无法融进去。在这种介乎同质与异质的文化环境中，模糊的定位使归侨自觉像是徘徊于主流之外的边缘人，出于对这种模糊、焦虑的现实的反抗，归侨需要确定一个有利于找到社会定位、获取社会资源的身份，这就形成了归侨共同体的构成动因。[1]

竹坝农场这一相对而言封闭的安置地为归侨形成共同体提供了现实和想象的空间。竹坝农场的领导体制独立于地方政府，长期享受国家政策带来的多重优惠，在身份与居住空间上都与周边的自然村落形成隔离。而排华时期的苦难经历形成的共同记忆及归国后面临的与侨居国和故国的双重文化断裂感，在此基础上孕育出归侨共同体的情感基础，使归侨共同体的形成合理化。

---

[1] 孔结群．难民认同：基于苦难历史记忆、政策及现实利益的想象：以广东省小岭华侨农场为例［J］．华人华侨历史研究，2010（1）．

二、冲突与融合

（一）特殊社区

在一个典型的社区里，必然会存在某种聚合机制，才能维系该社区的存在和运转。在西方，人们普遍关注的是社区人口的同质性。也就是说，一个社区之内的大多数人一般具有类似的社会特征。[1] 竹坝农场，作为特殊历史时期的产物，它是在政府直接安排下，由各国各地归侨共同组成的“小联合国”，虽然都是与“华侨”有着密切联系的社区，但它与“侨乡”却有着很大的差别，与其周围村庄也在生活习惯、语言文化等方面产生了一定的距离甚至隔阂。

竹坝农场社区内的情况无法用简单的“归侨—当地居民”两者之间的互动概括。归侨群体自身就是一个多元的群体，竹坝农场的归侨来自 8 个国家，这些国家的归侨群体间的政治经济力量并不均等，归侨之间不同的发展和距离的扩大造成了归侨内部的多样性。在竹坝农场中，存在感最为鲜明的是归国最早、数量最多、最完整参与了竹坝农场建设与发展的印度尼西亚华侨，竹坝农场的建筑风格、习俗习惯都能看到鲜明的印度尼西亚华侨印记。其次较为引人注目的是 20 世纪 70 年代归国、人数较多的越南华侨，但他们在竹坝农场留下的印记远不如印度尼西亚华侨那样鲜明，其余如新加坡、菲律宾等国家的归侨存在感就更低。竹坝农场中不同国家的归侨在生活习惯、语言文化等方面保持着多样性，他们各自坚持着从侨居国带回来的文化。而在观念及认知层面，各国归侨的文化背景、受教育程度和回归祖国的时间都不一致，导致他们在某些方面难以理解甚

[1] 陈毅明．竹坝沧桑：同安竹坝农场归侨口述历史资料［M］．北京：海洋出版社，2012：187.

至反感对方的某些行为，同时又不得不在共同的生活工作环境中调整和适应自己和对方的传统习惯。❶

然而，随着归侨群体之间用以确定群体界限的文化要素变化，归侨内部的传统文化状况随之发生改变，文化之间会发生融合促使文化进行适应，归侨群体在日常生活中保持交流并接受其他归侨的文化元素。这种融合并不意味着归侨文化的消失，不同归侨文化之间的界限依然存在，各归侨群体仍然保有自身具有辨识性的文化元素，他们独特的生活习惯、语言文化、传统习俗仍然得以维持保存。❷

以血缘、地域为基础的侨乡，归侨们与生活在当地的乡民关系密切。例如，福建侨乡人民有着一套独特完整的传统风俗。在华侨出国前，亲友需赠以鸡蛋、面线以及土特产为其送行。华侨回归故里，亲友设宴接风洗尘。归侨也需要回赠香皂、布料等洋货。诸如此类习俗还有许多。"从本质上说，侨乡的诸种民俗仪式，都是展现'人缘'的机会，而'人缘'于海外乡亲而言，无论对于其社会象征地位还是对于其基本的社会交往需求，都起到关键性的正面作用。"❸从某种程度上理解，亲友的接风洗尘，或者送礼、送行，都是华侨与乡亲们之间维系情感、维系宗亲关系的纽带，或者说是他们与这片土地联系在一起的物质表现形式。

而在华侨农场外部，归侨们与乡里乡亲的人缘关系，显然是一个尴尬的问题。竹坝华侨在族群上和周边村民并没有实质的差别，他们都属于中华民族，在身体特征和民族观念等方面符合中国人的标准。但是他们与周边村民又确实存在

❶　奈仓京子．归侨认同意识的形成及其动态：以广东粤海湾华侨农场为例［J］．华侨华人历史研究，2008（3）：25.

❷　奈仓京子．归侨认同意识的形成及其动态：以广东粤海湾华侨农场为例［J］．华侨华人历史研究，2008（3）：25-26.

❸　侯志强，叶新才，陈金华，等．华侨华人与侨乡发展［M］．北京：社会科学文献出版社，2018：61.

着足以导致沟通理解障碍甚至误解的差异，这种差异又无法用中华民族内部不同民族之间的划分标准进行界定——这不符合任何官方划分族群的标准，也缺少必要的历史与文化的基础，归侨的这种处境是一种文化夹层的现象，是全球大移民背景下族群多元化的反映。

弗里德里克·巴斯（Fredrik Barth）指出，人类在生物学上具有极强的自我延续性[1]，这种延续是自身对过去的依赖、留恋和惯性，是生物学的一种本能反应。因此归侨将在侨居国的习俗带到华侨农场是对自己过去生活的一种习惯性延续，最初并非刻意为之。他们的生活方式和习俗既有中华民族固有的共性，又有在侨居国生长出的异域特色，是归侨们在长期漂泊海外又坚持家乡传统而形成的。但服饰、语言和习俗很容易受到外界的影响而发生改变，它们是辨识度很高却极其易变的外部特质。然而对于归侨而言，这些习俗是他们在熟悉又陌生的祖国寻找定位、追求群体安全感的重要基础：习俗认同是传统小社会存在的基础，相似的地区语言、饮食习惯、服装特色等因素会很容易在族群内部形成较强的团结感。[2]在经历残酷的排华事件后，这种团结感对于归侨来说是不可或缺的。

竹坝农场自建立后，即逐步建立起一个与周边地区存在明显差异的特殊社区[3]。在以竹坝为中心的一个小范围内，形成了新村、竹坝、上寮、四房山等四个相对集中的定居点。农场里的住房与周边闽南居民建筑风格明显不同。农场为归侨提供的住房是像火车车厢似的一长串平房，不论人口多少，一家一大间[4]。从地理位置到住房模式，竹坝农场与周边农村形成了一道明显的边界。

体制改革之前，农场里，有着 2 700 多亩的农田和近 2 000 亩的茶果园。还

---

❶ BERTH F. Ethnic Groups and Boundaries：the Social Organization of Culture Difference［M］.Boston：Little，Brown and Company，1969：10.

❷ 胡修雷．从“印度尼西亚村”现象看华侨农场归难侨的文化再适应［J］．世界民族，2017（2）：80.

❸ 陈毅明．竹坝沧桑：同安竹坝农场归侨口述历史资料［M］．北京：海洋出版社，2012：183.

❹ 陈毅明．竹坝沧桑：同安竹坝农场归侨口述历史资料［M］．北京：海洋出版社，2012：184.

有自己的教育机构以及米粉厂、榨油厂、酒厂等企业，配备着政法、医疗卫生等各个部门，承担着全方位的社会职能。同时，作为一个“侨”字号单位，农场的生产、基建、财务、物资、产品处理、劳动工资计划等皆由侨务部门负责，也就是说，那时候的竹坝农场是在一个完整的、相对独立的体系内运作，是一个与周边地区在行政管理上差异明显的“小社会”。[1]

5-9 竹坝农场归侨住过的住房

（二）再移民的困境

根据移民理论，归侨侨眷能否认同和融入国内主流社会是检验归侨安置政策成功与失败的最重要标准。社会认同（social identity）的定义为：个体认识到他属于特定的社会群体，同时也认识到作为群体成员带给他的情感和价值意义。[2]段吉福认为对认同问题的讨论，恰如柴列斯基所说，“必须放到历史情境之中”。社会认同是个体与集体双向的情感交流，表现着移民的社会适应状况。

❶ 陈毅明．竹坝沧桑：同安竹坝农场归侨口述历史资料［M］．北京：海洋出版社，2012：185.

❷ 张晶盈．华侨农场归侨的认同困惑与政府的归难侨安置政策［J］．华侨大学学报（哲学社会科学版），2013（1）：31-36.

移民群体的社会适应状况，是影响其生存与发展的重要因素，归国华侨亦不例外[1]。归侨们在来到农场之前，他们已经历了一次离开祖国“下南洋”的迁徙过程。如今以“归侨”的身份再次返回祖国，他们同样面对这样的生存和文化认同的困境。

归侨在东南亚排华的过程中因华人的标签而被迫回到中国，但他们回来后却发现自己很难融入祖国的环境，周围人看待他们的目光仍然是异样的，提醒着他们与祖国居民的种种不同，从而导致归侨对自己的身份认同多少存在这样一点困惑：我到底算哪里人？[2]

“我们听不懂他们说什么，也和他们没有来往，有时我们到农场外去办事，他们本地人远远地看到我们就说‘番仔’来了，躲开了。”

“我刚回来就去读书，那时这里没中学，要到五中那里去读。小孩子在长身体，又碰到三年困难时期，肚子常会觉得饿，在回家的路旁有一片西红柿地，我们几个归侨学生会去摘来吃，当地人就说，‘你们看，番仔就是番仔，这东西怎么能这样生吃呢？’不过现在好像所有人都接受了西红柿可以生吃。”[3]

归侨们在侨居国生活时间长，其所受到与养成的文化气质不自觉地带到了农场当地。各种异国风俗、文化现象，甚至归侨本身，都被当地人视为不同于自己的“另类”。加之农场在地理位置基础上自身所形成的、封闭的小社会，还有在语言沟通、思维方式等方面的格格不入，周围的本地人认为归侨不懂人情世故，是“番”。“番”一词指外国或外族。在闽南这样的一个侨乡社会中，这一词得到了进一步的发展，出现了如番客（出洋华人）、番边（东南亚一带）、番婆（外国

[1] 黄小坚．归国华侨的历史与现状［M］．香港：香港社会科学出版社有限公司，2005.

[2] 张晶盈．华侨农场归侨的认同困惑与政府的归难侨安置政策［J］．华侨大学学报（哲学社会科学版），2013（1）：31-36.

[3] 陈毅明．竹坝沧桑：同安竹坝农场归侨口述历史资料［M］．北京：海洋出版社，2012：208-209.

妇女)、番仔(外国人)等词。[1]

归侨们对于“番仔”的称呼当然是不满的，我也是中国人！但有时这种“番”的称呼也是归侨们强化自身认同的工具，这些称呼和在侨居国带来的异域习俗成为他们寻求心理慰藉和群体认同的依据，就像他们的祖辈在出国后选择组建和定居唐人街的做法，聚集有共同特点的人群来壮大声势，只是这一次的背景换成了他们的祖国。

不过随着时间的推移，彼此之间的认识沟通和理解不断增进，人们也从无可奈何的苦笑，转换成了有意无意的自我调侃——“我是番仔”。

尽管后来“番仔”的称呼已经失去了它最初的攻击感和身份感，但这仍然是归侨和当地村民在身份认识上所表现出的若隐若现的边界。不过这种边界确实随时间和形式的变化逐渐模糊，归侨对农场所在地的归属感在逐渐增强，毕竟归侨与村民之间的生理特征、宗法信仰和价值观念等维持族群本质属性的因素是相同的，侨民在侨居国的生存经历并未完全颠覆他们的出身，饮食、服饰、日常用语等外在标志符号上升不到种群特征的高度。

(三)当地人的不满

一般说来，归侨所要直面和适应的社会环境，除了文化的(如语言、习俗)以外，还涉及经济乃至政治层面。早在明清海禁时期，归侨便因非法回国而遭遇官府的排斥和迫害。从近现代历史来看，华侨回国定居后，均无一例外地与居住地的社群产生排斥现象。排斥的内容、程度与其侨居背景、回国年代、所在地区的社会政治经济状况有关，也因其定居方式的不同而形成差异。[2]

归侨是被政府直接安排分配到当地农场的。这种大规模集中安置归侨的政策

---

[1] 陈毅明.竹坝沧桑：同安竹坝农场归侨口述历史资料[M].北京：海洋出版社，2012：201.

[2] 黄小坚.归国华侨的历史与现状[M].香港：香港社会科学出版社有限公司，2005.

是我国在困难时期的特殊选择，高效解决了大量的归难侨生活安置问题。但是这种较为粗放的安置方式背后存在不少问题：安置在农场的归难侨，他们的祖籍有许多不在福建，在宗亲、方言、风俗习惯等方面与周边社会脱节，双方难以建立起有效的沟通渠道。归侨相对开放的思维方式、异域的着装让周围相对而言较为封闭落后的本地居民难以接受，归侨也不愿意融入周边农场的传统社会之中。❶

为了更好地帮助归侨们适应新生活，建设新家园，国家对于其有一定的补贴优惠政策，例如，在夏天的时候发蚊帐，在冬天发棉衣，还有一些只针对侨生的奖学金（但事实上，大多数是直接用于抵扣学费的）。种种优惠当然引起了当地人的不满：一群不知道从哪里来的番仔，我们在同样的土地上劳作，他们却住着免费的房屋，拿着国家的补贴。❷

另一个引起不满，甚至冲突的重要原因，是土地问题。新中国实行的是社会主义公有制，从法律意义上说，土地作为最重要的生产资料是属于全体人民的，国家则代表人民行使土地的分配使用权。但是，在闽南这样一个宗族势力很强的地方，在竹坝祖祖辈辈生活的本地村民的观念里，他们理所当然是这片土地的主人。可是，1960 年政府的一纸公文，使他们突然失去了对这片土地的所有权，一群来自国外，语言、文化和自己完全不同，甚至与本村人没有任何血缘关系的陌生人占领了自己的土地。

针对归侨提供的集中安置政策包含了国家的倾斜性扶持，再加上土地问题，不可避免地导致归侨与当地村民在经济与社会待遇方面出现了明显的差距。对于农场内的本地职工而言，侨民更像是一群突如其来的“侵略者”，在占据资源的同时享受比他们更优厚的社会和经济待遇，因此产生不平衡心理甚至于表达自己的不满情绪就在情理之中。而归侨在调整适应既熟悉又陌生的祖国文化的过程

---

❶ 胡修雷 . 从“印度尼西亚村”现象看华侨农场归难侨的文化再适应［J］. 世界民族，2017（2）：81.

❷ 陈毅明 . 竹坝沧桑：同安竹坝农场归侨口述历史资料［M］. 北京：海洋出版社，2012：209.

中，反复被周边村民的情绪提醒自己的异质身份。群体之间的边界愈发明显，明晰的群体边界强化了归侨原本的异质身份。

（四）政策调整

在各种文化差异、矛盾冲突的背后，实际上是一种对于资源的争夺。为了从根本上消除冲突，促进地方安定，有关政府经过研究，于1966年做了一个重要决定：鉴于划归竹坝农场的土地原来分属于老村、下村、左厝3个生产队，也将这3个队的人口及其现有土地全部划入农场，所有的村民同归侨一样，成为领取国家工资的农场职工，享受国营农场正式职工的一切待遇。而且，村民的子女也和归侨的子女一样，成年后可自动转为农场职工。由此，农场地域上的边界拓展了，地域冲突缓和了。竹坝农场增加了一个重要的次群体——“本地人”。[1]

随着时间的流逝，归侨以及生长于中国文化环境中的二代归侨逐渐适应了竹坝农场的生活，归侨与周边村民的关系逐渐友好。尤其是在1989年后农场全面实施经济与管理体制改革，竹坝农场原有的许多独立职能被逐渐剥离，农场归侨的社会保障并入当地的社会保障体系之中，归侨的身份也从国营农场职工变成了普通居民。国家也取消了许多对于华侨农场的倾斜性扶持政策，归侨与周边村民在政策上的差异逐渐消失。并且竹坝农场的生产经营需要转变方向面向市场，也意味着农场对于当地的资金、技术、关系网等资源的依赖加深，归侨必须与本地居民培育良好的关系以寻求更进一步的发展。二代、三代华侨的成长使归侨与本地居民走向文化趋同，竹坝农场内设有幼儿园、小学到初中的完整义务教育体系，二代、三代华侨接受的教育与国内其他中小学生的教育是完全一致的，教育弥合了归侨与本地村民的文化差异。同时交往的加深使本地村民对于归侨的评价逐渐客观，身份差异的消失也让本地村民能摆正心态看待归侨，群体的边界逐渐

[1] 陈毅明．竹坝沧桑：同安竹坝农场归侨口述历史资料［M］．北京：海洋出版社，2012：210.

消失。

但是，这并不意味着归侨与本地村民之间没有任何的矛盾。市场经济的飞速发展给本地村民带来的种种提升消弭了竹坝农场归侨过去在国家政策的扶持下产生的优越感，而竹坝农场因为对政策产生的依赖性和体制转变调整的滞后，没能与周边村民一起抓住经济腾飞的良好时机，在经济上反而落后于本地村民，继而产生失落感。

不过从总体而言，竹坝农场内归侨与周边村民的关系是良性发展的，两者之间的关系逐渐友好而融洽，群体之间的边界也逐渐模糊，归侨在竹坝农场几十年的发展过程中培育出超越农场的归侨意识，也培育出超越归侨范畴扩大群体的认同意识[1]，这既是归侨适应华侨农场的过程，也是归侨从迁移者向定居者转变的过程。

（五）互通有无

社会学和人类学倾向于将族群间通婚状况视为衡量不同族群间认同程度的一个重要指标，他们认为族群间通婚的状况反映的是族群间最深层次的交往及认可程度，个人只有对另外一个人在情感和心理上都达到“可以接受”和“十分亲近”的程度，才有可能缔结婚姻关系，这反映到族群上就可以代表不同族群间的认可程度。陈云云在《归侨的归属感研究——以广西来宾市华侨农场为例》[2]中将华侨农场归侨与周边村民通婚状况的发展分为三个阶段，这三个阶段在竹坝农场与周边村民的通婚状况中同样适用：

第一阶段是1960—1978年时期，这个时期归侨在华侨农场享受国营企业工资待遇，经济条件好于周边村民。这时候周边农村的女子大多愿意嫁入华侨农

[1] 奈仓京子．归侨认同意识的形成及其动态：以广东粤海湾华侨农场为例［J］．华侨华人历史研究，2008（3）：26.

[2] 陈云云．归侨的归属感研究：以广西来宾市华侨农场为例［J］．八桂侨刊，2012（2）：23-25.

场，但这时归侨与她们的通婚率并不高。主要是当时的归侨群体与周边村民之间存在隔阂，文化上的差异性与生活习惯差距都比较大，彼此之间不熟悉。另外，当时归侨的生活条件及经济状况都优于当地村民，且初代归侨在侨居国都受到过一定的教育，与本地村民有一定差距。华侨在侨居国的通婚范围一般局限于华侨之间，归侨也更青睐同为归侨的结婚对象，并且喜欢找同一国家的归侨，便于沟通的同时保证婚后生活习惯的一致，减少磨合的时间。因此很少有归侨能够接受与当地村民之间的婚姻。

第二阶段是1978—1985年时期。因为1978年中越关系的恶化，竹坝农场接收了来自越南的大量归侨，这些归侨与早先归来的以印度尼西亚归侨为主的归侨群体文化不同，生活条件也有差距，两个归侨群体之间很少通婚。但越南华侨在竹坝农场同样享有国营农场员工的身份和侨汇补贴，在物质条件上仍优于改革开放初期的周边村民，因此周边农村有许多姑娘愿意嫁给华侨。

第三阶段是1985年到今天，这段时期是竹坝农场发生巨大变化的时期，竹坝农场在1989年开启了全面的经济和管理体制改革，铁饭碗被打破，二代、三代华侨走出竹坝农场，和周边农村的村民一样前往城市发展。

政策调整、婚姻交往、相同教育……多管齐下，归侨们与周边居民之间的文化理解也随之加深，生活方式互相影响。再加上政府的支持与促进，归侨与原住民之间的各种矛盾逐渐化解，带来的是竹坝农场的文化共融，利益共赢。

由本地的原住民和归侨共同组成的竹坝人，筚路蓝缕，以启山林。在竹坝人的智慧、果敢与辛勤耕耘之中，开启了这片土地的辉煌历程。他们建设了一个“小联合国”：果园、水库、工厂、公路、救护车、电影院、学校……从衣食住行到医疗教育，甚至娱乐设施应有尽有。竹坝农场这片绿水青山，俨然成了一个自然与生活的世外桃源，成了多少竹坝子女念念不忘、用心守护的家。

5-10　多彩竹坝（竹坝农场艺术展览馆）

第三节　竹坝人的故事

竹坝农场的归侨到如今已经到了第三代、第四代。在竹坝，每家每户都有着一段漫长、丰富而又感人的故事。在他们身上，我们可以看见从1960年左右开始，那段特殊历史时期的归侨们的缩影；从发黄的老照片、旧报纸，我们可以触摸到华侨农场从建立到改革开放、乡村建设至今，那段最真实的历史；我们轻叩每一扇门窗，与人们促膝长谈；我们深入每一寸土地的前世今生，了解这用一砖一瓦建立起来的竹坝农场。

一、温文彬

人物简介：温文彬，印度尼西亚归侨，祖籍梅州，1941 年出生于印度尼西亚，1960 年回国，曾为竹坝学校体育老师。他以出色的表现和突出的贡献，荣获了“全国农村优秀体育教师”“福建省优秀教师”等称号。

“祖国的需要就是我的志愿”，他义无反顾地从印度尼西亚归国，扎根于竹坝这片熟悉又陌生的土地。带着一份忠厚与坚持，他用自己的“土方法”带领一群女娃娃，创造了排球十连冠的奇迹。在他眼里一切好似简单平淡，几十年如一日，在竹坝学校的操场上的每一天，都是最珍贵的平常。

我们第一次见到温老师的时候，是在下午。那时候，他坐在竹坝学校操场旁低矮的水泥围栏上。一块块砖，砌成高矮适度的围栏，包围着一棵菠萝蜜树。一排的树，一排的水泥围栏。我们远远地就看到温老师的背影，他穿着厚厚的旧式运动服，就是我们电视上电影上常看到的 20 世纪七八十年代的款式，保暖厚实也干净利索，复古中透着活力，显得格外年轻。若不是那在风中微微摆动的银发，很难相信精神矍铄的他已经退休十几年。

作为最早归国的华侨之一，温文彬老师热情和蔼地将归国前后的故事娓娓道来，让我们得以了解一段更为真实、生动的归侨历史、竹坝历史。

（一）一波三折归国路

1941 年，温文彬出生于印度尼西亚西加里曼丹一个美丽的小村庄，祖籍是被誉为“足球之乡”的广东省梅县。

长大后温文彬在当地的华文学校就读。据他介绍，在印度尼西亚华文学校的时候，他们学习的是中文，并没有学习印度尼西亚文。或许正是因为中国传统文化的涵养带来的文化自信，他们（指华侨）当时在印度尼西亚，虽然远在异乡，但并不因寄人篱下而觉得低人一等。相反，以中华民族自身文化为支撑的自信，让华人在当时的社会圈里“高人一等”。而这份对于祖国文化的渴求与热爱，也为温文彬接下来的回国，埋下了伏笔。

据温文彬回忆，那时候他还在印度尼西亚，我们中国的领事、工会曾多次派人过去宣传，为当地的华人们介绍祖国的发展现状。在观看了中国的领事、工会带过去的宣传影片后，华人们又兴奋又激动。“朱德抱大南瓜照相”的画面，在当时温文彬幼小的心中留下了深刻的印象。那时候他们对祖国的认知就是——哇，实在是好啊！时至今日，当温文彬向我们讲述起当时的画面时，依然充满着感动与欣喜。我们能从他孩子般的笑容中想象那个画面，感受到一个从小生活在异国的孩子，当时在听了介绍之后，对于祖国是怎样的好奇与热情。

温文彬在读小学的时候就有了回祖国的念头。那时候华人工会到学校去宣传——如果想回国可以写申请。而且回国之后，“考试前三名的可以保送到北京。不用考试，回到祖国不要怕考试不及格，回到祖国后，你直接到北京去。”但由于当时年纪太小，温文彬的父母不同意。回国的事情只能不了了之。据温文彬说，那时候回国的许多人，也都去了北京，有的甚至成了工程师。

一直到了温文彬上初三的时候，由于各种原因，印度尼西亚政府下令所有人（华人）不准读中文，要读印度尼西亚文。这对于许多华人来说，是绝不能妥协的。就像温文彬所说，“我不甘愿，我不要！”于是他暂停了学业，开始了另一段人生经历——做生意。

因为那时候家里在做一些小生意，耳濡目染下，辍学后的温文彬便开始倒腾土特产，赚了一小笔钱。而这人生的第一桶金，打开了温文彬的回国之旅。一方面自己有了资金，有了底气，再加上父母的支持，温文彬终于能够回国。同时，温文彬的哥哥，当时也是自己出去做生意，赚了些钱。于是两兄弟都准备回到中国，而其余的兄弟姐妹则留在印度尼西亚。

1960 年，印度尼西亚的中国华侨工会给温文彬开具证明，介绍其回国。温文彬和其他华人去写申请，经过批准后便可自费回国。之后，温文彬踏上了“美上美”号轮船，开启了漫长的回国之旅。在温文彬一行人回国的时候，我国的经济仍面临着较大的困难，“美上美”号轮船便是当时租的丹麦轮船。据温文彬回忆，当时他们坐的丹麦船，不像现在坐旅游船这样，有为乘客准备好专门的房间和褥子。那时候的“美上美”号，是货船和客船混合而成的，温文彬一行人睡的是一排一排的大通铺。在海上漂泊的路程总是艰辛的，当他们路过马六甲海峡的时候甚至还遇上了可怕的台风，睡大通铺的人们在海浪的摇晃中从这头滚到另一头。

温文彬笑着和我们讲述那段漂洋过海的历险，一边说一边比画着动作。透过老人轻松的讲述，我们可以想象那段不轻松的岁月。年轻的温文彬，是带着怎样的决心与热爱，只身一人踏上征途，奔赴那从未见过的、心心念念的祖国的（温文彬和哥哥不是一起回来的）。

当时归侨回来，几乎都是在广州三元里上岸的。上岸后，竹坝农场的领导便来了，召集归侨开会——这是温文彬第一次“开会”。温文彬他们在国外的时候，并不知道什么叫作“开会”。那时候印度尼西亚的“开会”，都是私人的，并没有面向华人华侨。第一次开会的时候，温文彬一行人在工作人员的指导下，进行填表。表格中有一项询问归国之后的志愿安排，温文彬在写下了“读书”两个字之后，还郑重地写下“祖国的需要就是我的志愿”。

“祖国的需要就是我的志愿。”这是温文彬和许多归侨在当时郑重写下的文字，他们同样用了一生践行这份承诺。

（二）落脚竹坝

温文彬一行人从印度尼西亚坐船到了广州，再乘火车到福州，最后坐汽车来到了竹坝农场。

当时我国正值三年自然灾害时期，国内条件并不是很好。但国家仍在物质生活上对归侨给予了最大的支持：那时候的归侨不像农村一样吃稀饭，他们每天三顿饭，都有大米。饭里有时候放地瓜，有时候放萝卜，配菜有卷心菜。相较于周围村民已经丰富许多的三餐，对于每天要劳动 8 个小时的归侨们来说，依然不能完全满足那巨大的能量消耗。

温文彬分配在了福建竹坝农场，而哥哥则分配在大理的农场。

归国初期，由于交通和通信不便，兄弟二人只能靠书信来往，联系十分困难。好在，随着我国经济社会的逐渐发展，人民生活水平的不断提高，温文彬兄弟俩后来都去过对方的农场看望。温文彬的哥哥来到竹坝农场后，直呼“比印度尼西亚还热”。对于福建厦门的天气，温文彬也表示太热了。温文彬当时在印度尼西亚居住的地方，刚好在赤道附近——“那是世界上最热的地方”。但是温文彬表示，最热的地方还没有厦门的夏天热。在印度尼西亚的时候，人们走到树下，太阳晒不到的地方就不会太热了。而且当时他们住的地方是在海边，海风较多，天气也较凉快。而竹坝农场这边，刚好在山坳附近，所有的风都被挡住了，空气流通受阻，气温也随之升高。

对于当时刚刚回国的两兄弟，除了环境有着些许的不适应，他们更希望能够住在一起。温文彬的哥哥当时在侨办的分配下到了大理。如果提交申请，是可以来竹坝农场的。但由于当时哥哥已经成家，作为当地人的嫂嫂不愿离开，此事便没有再提。

就这样，温文彬兄弟俩一个在福建，一个在云南，他们在祖国扎下了根。

（三）献身教育

“温”，竹坝学校的孩子们都习惯这么叫他。

最初的竹坝学校，教学环境和设施原始而简陋。温文彬回忆说，课堂是在养过猪的猪舍里，课桌和椅子都是用木板架在泥土地上。有时，台风一刮，屋顶的瓦片被吹走了，师生们便要戴着斗笠上课。那情那景，真是不堪回首啊！❶就是在这样艰苦的环境里，温文彬开始了他的教学生涯，一教就是40多年从未间断。

当时温文彬是准备继续读书的，但那时候学校表示，竹坝农场里从8个国家回来的人都不太会讲普通话，于是让同样是海外回来的温文彬来进行沟通。由于各个国家的归侨语言各异，大家一开始便选择了共同的普通话进行交流——归国之初人们普通话也不太好。因此，我们会发现，尽管在闽南地区生活了多年，竹坝的归侨们也不太会讲闽南话。

竹坝小学是归侨子弟学校，学生来自东南亚不同国家，语言不通造成了教学和日常交流的最大障碍，而从小就讲客家话的温文彬更是面临着严峻考验。为了攻破语言这一关，温文彬努力学习普通话，并虚心请教，钻研业务。果然功夫不负有心人，在短短的时间里，他不但提高了业务能力，还能讲一口较为标准的普通话。不仅课上得生动活泼，而且吹、拉、弹、唱样样都行，可谓教学多面手。温文彬除了教语文，还兼体育。1972年，不是体育科班出身的他转为正式的体育专职教师，学校3个年段，八九个班级的体育课都由他一人承担。❷

那天，我们去拜访的时候，温文彬正好体育课下课。操场上，穿着校服的男生女生，还在踢球、跑步。我们发现了一个有趣的现象：他们的足球框都没有网。温文彬说，就是要他们去跑，去捡球，多运动。

---

❶ 禾青．聚焦“女排十连冠”：记厦门竹坝学校退休教师温文彬［J］．福建基础教育研究，2009（3）：15-16.

❷ 禾青．聚焦“女排十连冠”：记厦门竹坝学校退休教师温文彬［J］．福建基础教育研究，2009（3）：15-16.

“多运动”——竹坝学校的体育是竹坝农场甚至同安区，一张亮堂堂的名片！竹坝学校里设有一间专门的奖杯室。拜访当天，我们还遇到了特地从湖南、湖北过来的排球队在竹坝学校集训。

正如黄毅煌校长所说：“女排十连冠，不仅仅是一个荣誉，它已成为竹坝学校的一张名片，一种传统，甚至是永恒的精神。”❶

最开始，负责竹坝小学和初中所有体育课的温文彬，是五项球类都教的。后来，由于师资力量和教学时间分配等各种原因，乒乓球和羽毛球便暂时舍弃了。当时竹坝学校的羽毛球和乒乓球的水平也是很不错的，但是羽毛球的消耗量实在太高了——没几个小时，一个羽毛球就废弃了。这对于当时的农村学校来说，确实是一笔较大的花销。而乒乓球，竹坝学校的第一个集体项目冠军就是乒乓球，但是随着各种整改，乒乓球桌到最后甚至都找不到合适的地方安排了。说到这里，温文彬不免有些惋惜。

竹坝学校的排球队早在40多年前就成立了。但由于体制原因，他们无法与区级、市级的学校同台献技，切磋交流。温文彬是看在眼里，急在心里。他多次向上级有关部门反映，最终得到市体委主任的支持，并在其积极疏通下，终于拿到参加比赛的入场券，温文彬欣喜若狂。❷

球队刚组建时，只有一个排球，而且还是从体院“退役”下来的，球网是温文彬用渔网线自己编织的，还用一个软塑料管套在横杆（钢管）上，既不使学生在扣球触到钢管时疼痛，又使球网更坚实、牢固、耐用。

温文彬回忆说：“刚开始接手排球队时，自己也是似懂非懂，经常要跑到体校，向专业老师或教练请教，偶尔也买一些有关排球的书回家琢磨一番，摸索出自己的一套‘土办法’。”当然，除了“土办法”外，更重要的是团结拼搏、持之

❶ 禾青．聚焦“女排十连冠”：记厦门竹坝学校退休教师温文彬［J］．福建基础教育研究，2009（3）：15-16.

❷ 禾青．聚焦“女排十连冠”：记厦门竹坝学校退休教师温文彬［J］．福建基础教育研究，2009（3）：15-16.

以恒的精神，这就是他们比赛能够取胜的“法宝”。

就这样，被称为“娃娃队”的“赤脚”女排，在坚持拼搏的“法宝”和温文彬老师“土办法”的引领下，创造了一个又一个的辉煌。

温文彬早已过了退休的年龄，但他依旧留在竹坝学校，坚守着乡村的体育事业。就在他即将退休时，不少学校就来向他预定，高薪聘请他当教练，然而，都被他婉言谢绝了。他开诚布公地说：“说句实在话，面对高薪的诱惑，我也曾动心过。但带出来的球队又来打自己母校的球队，那是一种怎样的滋味。另一方面，我自己也舍不得离开工作这么多年的竹坝学校啊……”❶

看着操场上还在训练的学生们，温文彬热情地告诉我们，这些孩子们后天要去参加足球比赛。现在的队伍已经取得了五连冠，他们希望这次能够拿到六连冠。竹坝的排球已经取得了十连冠，希望竹坝学校的足球也能拿到十连冠！

字里行间，满是老人对于这些孩子的欣喜与期待。望着操场上蹦蹦跳跳的男孩女孩，各种校服的颜色交织（竹坝学校不同年级学生的校服不一样）。在这个夏天“比赤道还热”的山坳，竹坝学校被一片郁郁葱葱的绿所包围。放眼，满是期待与希望。体育，是竹坝的代名词之一，更是竹坝人传承的纽带。教育是一朵云推动另一朵云。温文彬教过的许多学生，之后也回到竹坝，回到这片曾经挥汗如雨的操场，接过老师手中的教鞭，继续培育下一代竹坝人。

---

❶ 禾青 . 聚焦“女排十连冠”：记厦门竹坝学校退休教师温文彬［J］. 福建基础教育研究，2009（3）：15-16.

5-11　竹坝学校

5-12　夕阳下的竹坝学校

5-13　竹坝学校的排球场

5-14　竹坝学校的学生在操场训练

二、郑维祥和张美霞夫妻

郑维祥，印度尼西亚华侨，1961 年回国。张美霞，越南华侨，1978 年回国。二人为农场里第一对印度尼西亚华侨和越南华侨结婚的夫妻。

兜兜转转我等你归国相遇，一眼万年，我们在岁月的流水里细数柴米油盐。

这是印度尼西亚华侨和越南华侨的一段佳缘，成为竹坝归侨之间剪不断的连线。

相濡以沫的日子，平淡苦难皆是甜。

郑维祥和张美霞夫妻二人，现在都已经退休，住在竹坝农场所安置的小区里。他们的儿子已离世，女儿在加拿大。在竹坝农场这片世外桃源，漫步竹荫绿道，闲聊旧日趣事、今日早报，夫妻二人的退休生活，自在且温馨。

作为第一对印度尼西亚华侨和越南华侨结婚的夫妻，他们的爱情故事浪漫而有趣，对于竹坝农场的归侨们有着特殊的历史意义。

（一）归国安顿

20 世纪 60 年代，印度尼西亚排华事件发生。1961 年，郑维祥和家人从印度尼西亚回到广州三元里。同年 11 月 6 日来到竹坝农场，是农场里归国的第一批华侨。

原本郑维祥一行人是要被安排在海南的，但是由于一行人中有许多福建人，于是在他们的要求下便分配到了福建竹坝农场。据郑维祥介绍，之后也有许多归侨是从海南的农场搬过来的。

来到竹坝后，年轻的郑维祥对于一切都充满好奇与干劲。他在退休前几乎尝试了竹坝农场里的各种工作，农业队、果林队、仓库、水库……1961 年回来的郑维祥在竹坝农场里工作了将近 30 年，什么工作都做过。他以无限的热情，耕耘着这片充满各种机会与可能的土地。

郑维祥待过各个工作队，也接触了许多人，工作、生活经验丰富，又长得人高马大，为人勤恳忠厚，各种条件都很不错，但偏偏就是没有遇到合适的对象，成了农场里的“大龄黄金剩男”。农场的人都为他着急，但郑维祥却格外淡定。后来人们笑着说，当初郑维祥之所以一直“看不上”其他人，就是因为在等待着命中注定的那个她（指张美霞）。

当时，郑维祥由农场安排，专门负责接待越南归侨。本以为只是一次平常的工作，谁承想，他遇到了要牵手一辈子的人。

1978年5月8日，去迎接越南归侨的郑维祥，在密密麻麻的人群中，远远地望见了一个小姑娘，他一眼就喜欢上了那个小姑娘——刚刚归国的越南华侨张美霞。看着她睁着大眼睛，充满好奇与期待地环顾四周，郑维祥走上前去……第一段印度尼西亚归侨和越南归侨的佳缘由此开始谱写。

（二）结缘闪婚

从“黄金剩男”到闪婚成家，郑维祥的爱情故事是竹坝故事里一道浪漫的剪影。

用郑维祥的话说，这个老婆是“抢回来的”。在之后的工作安排中，负责果园的郑维祥近水楼台先得月，两人恋爱两个月后就火速登记了。

闪电式的恋爱，无论是在20世纪七八十年代，还是如今，结婚时都免不了父母的犹豫与反对。这份反对，并不是我们所猜测的，由于当时印度尼西亚归侨和越南归侨之间的“隔阂”，更多的只是来自父母对于子女简单纯粹的爱与牵挂。对于张美霞家里人的反对，郑维祥能够设身处地接受并且思考，表示特别理解：毕竟才刚刚归国不久，几个月就马上订婚，家人反对是不奇怪的。毕竟一个人好不好，要接触了才知道。

双方之间的爱与互相理解，让我们看到两人对待爱情的成熟态度，更体会到了这份充满故事性的爱情中，所流露出的真诚。

结婚的时候，他们办了一场酒席。作为竹坝农场历史性的一大喜事，在那个艰苦的年代，尽管在现实条件的束缚下没办法大操大办，农场的亲朋好友们，依然尽最大的力量，为二人送上了最诚挚美好的祝贺。

茶杯、水壶、毛巾……人们将诚挚的祝福化作日常生活中平凡而珍贵的陪伴。

（三）成家定居

正如郑维祥所说，“好不好，后来接触才知道”。郑维祥和张美霞闪电式的恋爱之后，是细水长流的幸福婚姻。与传统的闽南家庭男主外、女主内不一样，大部分的印度尼西亚男性归侨在家里都会积极地“帮”妻子干活。在他们看来，其实并没有所谓的“帮”与“不帮”，这些都是家庭成员共同的责任。在家里，许多琐碎的家务活，像煮饭、打扫卫生、洗衣服……郑维祥都会主动和妻子一起分担。张美霞告诉我们，在以前还没有自来水的时候，家里的用水都是郑维祥去接的井水。郑维祥对此表示，夫妻之间就是要互相照顾。

和许多归侨一样，他们在侨居国有许多亲人和朋友。郑维祥在印度尼西亚有两个弟弟、两个姐姐，以及堂弟。

结婚后，夫妻也都带着对方回去过印度尼西亚和越南。去那片对方曾经生活过的土地，了解彼此成长的点滴。

5-15　郑维祥和张美霞家里收藏的各国货币

（四）族群交融

在竹坝农场来自8个国家的归侨中，印度尼西亚归侨和越南归侨人数最多。当时，归侨是分好几批，陆陆续续回来的，最先回来的是印度尼西亚归侨，后来才是越南归侨。他们住的地方不一样，有的安排在上寮，有的住在四房山，还有的是被安置在新村。

最初，由于各自居住的地区不同，虽然平时在农场里也是一起上班的，但印度尼西亚归侨和越南归侨之间的接触并不多。再加上语言不通等问题，便自然而然地形成了各自的小团体，独立地生活。直到郑维祥和张美霞的结婚才打破了这一“独立状态”。由于婚姻关系，两个归侨群体之间开始有了“人口流动”——你嫁过去，我娶过来，例如，越南媳妇搬到了“印度尼西亚村”居住。随着这样以婚姻为契机带来的人口流动，越南归侨和印度尼西亚归侨之间的交流开始活跃起来，各种生活方式、文化习俗互相影响，彼此之间进一步沟通融合，互通有无。

结婚后的郑维祥和张美霞夫妻，他们并没有特意学习对方侨居国的语言，而是以普通话进行交流的。在竹坝农场有着各国归侨、各种语言，普通话便自然而然成为彼此之间交流的桥梁。因此我们会发现，在竹坝长大的侨二代和与其同龄的原住民，以及再之后的孩子们，普通话都说得非常好。当语言的界限被减淡，随着归侨们日益密切的接触与交流，各种文化在竹坝农场交织出一幅幅绚烂的风情画卷。而郑维祥和张美霞夫妇，在竹坝农场历史的卷轴里，画上了浓墨重彩的一笔。

三、刘瑞金

刘瑞金，侨二代。刘瑞金的父母为印度尼西亚华侨，她出生于竹坝农场。现在刘瑞金在竹坝农场经营着特色饮食与旅游业。

20 世纪 60 年代，刘瑞金的父辈们从印度尼西亚的南苏拉威西岛漂洋过海来到同安竹坝，是农场的第一批归侨。刘瑞金在父辈们侨文化的耳濡目染下成长，对于父辈带来的文化、对于竹坝，有着格外特殊和深刻的情感。她将这份爱化作行动，通过各种特色小吃、旅游、服饰，将这份风土人情保留下来，传承下去，成为竹坝甚至同安的一大特色。

在竹坝，男女老少都习惯称刘瑞金为“姐姐”。正如这个称呼，刘瑞金是竹坝最亲切的“代言人”之一。她熟悉竹坝家家户户的故事，了解这里一花一树的点滴。在她身上，我们可以看到竹坝人对于手艺传统的赤诚与守护，可以感受到归侨子女对于父辈、对于竹坝沉甸甸的爱。

5-16　竹坝农场的南洋书屋

5-17　竹坝农场摄影展

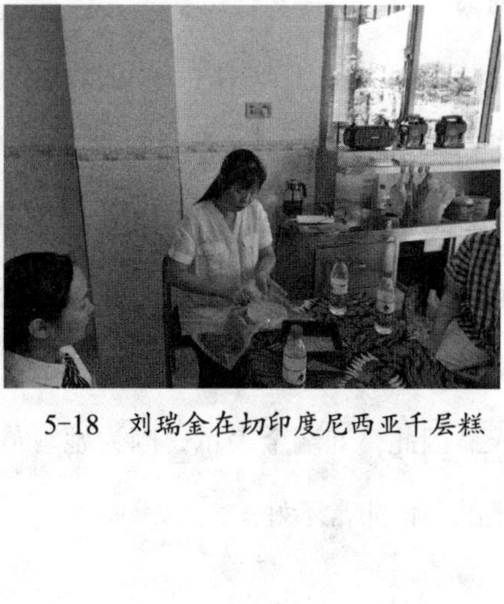

5-18　刘瑞金在切印度尼西亚千层糕

（一）辉煌历史

刘瑞金的父母，是第一代归侨。刘瑞金的祖辈，很早就下南洋了。那时候她的父亲为了回国续族谱，还需要上印度尼西亚法院宣誓，以换取归国船票。刘瑞金家里的自行车、缝纫机，还有铁床、铁箱、木箱、皮箱都是当时运回来的，都是“纯进口的”。据说，那时候光是运输这些东西，就花了好几个月。

刘瑞金的学生时代，应该是竹坝农场最辉煌的时候。那时候的竹坝农场，就像一个小联合国，他们有着丰富多彩的文化背景，更有着顽强、积极的创作能力。当时的竹坝农场，有着自己的酱油厂、米粉厂、牙医诊所、卫生院、救护车、电影院……还自己挖了水库。竹坝的托儿所、小学、初中等基础教育设施也都是非常完善、齐全的。

由于归侨的特殊身份，在竹坝农场，以从香港或国外回来的亲戚为桥梁，人们能够经常接触西方的许多新鲜事物，生活也更加开放、多元。如果回到刘瑞金的小时候，我们会看到穿着小皮鞋、公主裙的小女孩；归侨夫妇成群成对地跳着交谊舞，他们甚至还组队出去比赛；又或者，我们会看到年轻的小情侣在电影院约会……

和许多在竹坝生活多年的归侨一样，刘瑞金并不太会讲闽南话。在竹坝，由于归侨语言各异，在学校教学、与人沟通等方面，大家都讲普通话。但在家里，许多人仍保留着侨居国的语言。在刘瑞金的印象中，小时候总能遇到讲印度尼西亚话的人。那时候不管是原住民的老师，还是沿街叫卖的人，都会讲印度尼西亚话、广东话。即使之后在读中专、当教师的时候，刘瑞金也经常遇到印度尼西亚人。因此，刘瑞金表示，因为她写英文的时候是标注印度尼西亚文的发音，所以她的英语非常不好。

（二）多角经营

服装、糕点、餐饮、书屋、旅游、快递……这些都是刘瑞金的事业范围，而竹坝巴厘岛美食馆、侨友乐旅游发展有限公司、南洋书院，也都是她的侨文化产业。最近她还开垦了一片植物园，专门种香料。

刘瑞金是一个很有行动力的人，在传承竹坝文化的道路上，她开垦出了一片片移植南洋文化的“植物园”。让我们来看看刘瑞金的一天：

每天早晨睁开眼，刘瑞金要做的第一件事就是刷手机——检查头一天深夜客人在微店上所下的订单，然后回复、出单。接着，梳洗过后，刘瑞金习惯喝一杯咖啡，开始安排一天的工作。

刘瑞金的家里，好似一个小型的家庭作坊，每个人都参与到了共同的工作当中。每天早上，刘瑞金要根据客人的订单，先安排父母亲的工作。接着，刘瑞金启程前往城里买海鲜以及牛羊肉，用于准备当天的订餐。竹坝有鸡肉和蔬菜，但海鲜、牛羊肉依然需要到城里去采购。当一切都安排好时，差不多九点了。这时，刘瑞金才能短暂地休息。

九点半，刘瑞金前往书院帮忙。十点四十分，她要送一趟客人早上预定的糕点。十一点半又要赶到店里面一直忙到中午。如果中午没有客人，她便小憩半小时。

如果说刘瑞金的上午主要是在规划一天的工作，那么下午便是实际操作居多——做印度尼西亚千层糕、去植物园采摘。有时候，还会有专门从厦门岛内或者集美区来的客人，一大家子，特地来刘瑞金的店里购买东南亚民族服饰。正如刘瑞金所说：“反正我的一天好忙。”

（三）番婆·巴厘岛

刘瑞金开了一家美食馆——厦门竹坝巴厘岛美食馆。制作各种 Bali 番婆印度尼西亚传统糕点：Bali 炸葱花、凤梨酥、洛神花酥、千层糕、娘惹糕、蛋卷、印度尼西亚大虾片、古早曲奇、古早麻花、凤梨酱、阳桃果酱、Bali 酒肠、海苔肉松盒、娘惹凤尾虾……仅是列举这些小吃，味蕾就已被勾起，足够让人对充满异域风情的南洋美食浮想联翩！

刘瑞金强烈表示，来到同安一定要品尝当地的美食，比如碗仔粿、沙茶面、封肉、炸枣，当然还有竹坝的千层糕！

她给自己注册的商标很可爱："番婆"，这是当时闽南本地人对于女性归侨的称呼。一个本不是那么友好的词语，被刘瑞金欣然接受，并且成了自己独特的身份标志。之所以取名为"巴厘岛"，是因为当时从同安开店回来，正好发生了巴厘岛爆炸。就这样一个可爱有趣的商标"番婆·巴厘岛"诞生了。

在刘瑞金的店里，有许多勤工俭学的学生。这些孩子，和她就像是朋友，就像是一家人。如今，那些勤劳乖巧的孩子都已长大，其中许多人自己开了店，当了老板；有的成了老师，继续教授制作千层糕的手艺。刘瑞金说，这是一种精神——巴厘岛精神。

5-19　蛋卷、麻花、印度尼西亚蕉叶长粽

5-20　东南亚特色咖啡

（四）教育传承

刘瑞金对于两个双胞胎儿子的教育观与传统闽南人截然不同，可以说非常特别。

由于平时做生意太忙，所以无论是去参展、进货，还是送货，她都会把两个孩子带在身边，让他们从小就学习做生意，教育他们：要靠自己的劳动赚钱。

在刘瑞金的教育观里，男孩子和女孩子是不一样的。从两个儿子六年级开始，刘瑞金就带着他们两个到香港进货，并要求他们必须认路！“因为我非常忙，接下来这也是你们的工作。”这趟进货的路途，从竹坝到香港，刘瑞金只带他们走过一次，之后便是两个孩子带着他们的奶奶，独自完成。

刘瑞金家还有许多亲戚在印度尼西亚，他们也经常回印度尼西亚。她和我们分享了两个孩子第一次回印度尼西亚时的故事：两个小孩第一次回去的时候是六年级，对于印度尼西亚话，刘瑞金的儿子能听懂，但不会讲。因此，那时候他们和印度尼西亚小朋友是通过手机翻译英语来沟通的。一群小朋友拿着手机，似懂非懂地聊起来了，天真可爱。

和去香港进货一样，刘瑞金也是只带着两个儿子回了一次印度尼西亚。之后两个孩子六年级一毕业，刘瑞金就给两兄弟买了机票，带着爷爷奶奶从香港机场飞往印度尼西亚。刘瑞金对于两个儿子的教育，大胆而独立。或许，是因为认识到了，他们肩上的担子很重很重。

刘瑞金是一个传统文化的“赤子”。中国人、印度尼西亚归侨后代、竹坝人……各种身份的叠加，我们在她身上看到了印度尼西亚和中国的传统文化的传承。她用心制作印度尼西亚的传统服饰，走进她的服装店，富有南洋风情的花纹图案，守护着一位位老归侨最熟悉的记忆；她坚持用印度尼西亚香料制作食物，因为疫情的阻隔，印度尼西亚的原材料无法运输过来时，她毅然决然开垦了一片植物园；她喜欢回印度尼西亚听那些老人家（华侨）讲故事。在远洋之外的土地，有许多中华传统最讲究的习俗完整地保留着。她说，我要去把这些东西记下来。

5-21 刘瑞金的服装店

5-22 富有南洋风情的服饰

（五）抓住机遇

竹坝本地居民，都对土地有着一种很深的情怀。刘瑞金在外面开过许多店，都做得不错。很多人问她，你为什么不往外面走？刘瑞金的回答让我们感受到了她对于竹坝这片土地深深的依恋。刘瑞金多次表示离不开竹坝，离不开这放眼望过去都是一道风景线的地方。刘瑞金认为她有义务宣传竹坝，在她不忙的时候会组织小孩或是同学来做蛋糕或做其他事务。她说，华侨有华侨的文化，我们有义务去传承。

随着市场经济的迅猛发展，越来越多的竹坝青年外出发展，留守于竹坝农场的人们，以及整个竹坝农场都面临着新的转型。近年来，像刘瑞金等一批竹坝归侨二代，在竹坝农场这片独有的家园中，以他们各自的方式重新定义竹坝，让同安与竹坝，在不同文化背景中近距离融合，创造出属于同安范的归侨异国风情。如今，在乡村振兴的浪潮下，竹坝农场和厦门国贸控股集团有限公司合作，开展乡村旅游，带来了国贸文旅田园竹坝项目。厦门国贸控股集团有限公司与同安区政府组建成立国贸文旅，积极推动竹坝五显片区打造为国内一流乡村振兴样本典范。“国企 + 村（居）”的合作建设发展模式，不仅能发挥国有资本的带动效应，还为乡村振兴注入了新活力。这样的发展模式，在为竹坝农场带来收益的同时，进一步宣传了这片充满异国风情的土地和侨文化，这样的发展目标与刘瑞金的理想完美契合。

刘瑞金果断地成了“第一个吃螃蟹的人”。她和厦门国贸文旅科技有限公司互为房东。她租赁了厦门国贸控股集团有限公司的场地经营南洋风味餐厅，而把自己的房子租给厦门国贸控股集团有限公司做民宿。

有了刘瑞金的带动，村民们也一个个参与到了这场乡村振兴战略中。目前，这里改造了 27 幢民宿，成为网红村庄，游客纷至沓来。农场变景点，村庄成为度假区，国企发挥自身优势，通过市场化运营、特色项目带动，达到政府、企业、村民三方共赢。古厝农地“活”起来，村民既拿“租金”又领“工资”，这一个个“造血项目”，不仅开辟了乡村发展新天地，同时展现出国企赋能乡村振兴的巨大潜力。

除了和国贸文旅科技有限公司合作，刘瑞金还积极参与各种活动，推广竹坝农场，宣传侨文化。每年的海峡两岸（厦门）文化产业博览交易会，作为同安展区的一大特色，刘瑞金都会带上精心准备的南洋服饰、印度尼西亚糕点到现场进行宣传、分享。2020 年，刘瑞金更是化上了精美的娘惹妆，身着娘惹服，参与福建电视台《我说新福建　向人民报告》第八章“一脉同息”的录制。她将父辈们漂洋过海所守护的文化，带上更大的舞台。

5-23　竹坝农场民宿里的艺术品

5-24　竹坝农场的民宿招牌

在竹坝，每家每户都有值得我们去翻阅触摸的故事。你可能会看到几位老人穿着印度尼西亚或越南服饰，拍着鼓，弹着琴。琴声伴随着从书屋里飘出的咖啡香味，不断腾空，消散于四周的青山、果林。阳光洒下，照射在淡淡的薄雾当中，我们仿佛看到了那一个个漂洋过海的身影。

5-25　竹坝农场的老人在长廊歇息

5-26　印有竹坝农场标志的纸杯

5-27　竹坝农场摄影展

5-28　竹坝农场的居民房

第六章　竹坝农场的现状困境和前景

第一节　竹坝农场的现状

竹坝农场作为新中国特定时期集中安置归难侨特殊政策的产物，前身是1958年县财贸部门创办的大帽山农场的竹坝分场，1960年为安置归难侨改为竹坝华侨农场，简称竹坝农场。20世纪50年代后期，东南亚地区一些独立的民族国家或从狭隘的民族利益出发，或受冷战思维的影响，制定并且实施了一系列限制排斥打击华侨的政策。于是，竹坝农场在20世纪60年代初陆续安置了来自印度尼西亚、菲律宾、新加坡、柬埔寨、泰国、缅甸、越南、马来西亚8个国家的5 000多名归侨。竹坝农场不仅为归侨提供了良好的生活环境，归侨同样也为竹坝农场带来了不一样的东南亚民族特色：风情舞蹈、斑斓服装、风土人情、异域美食和不同的语言种类。而农场所在地原来的农村村民，也被并入农场成为农场的职工。他们带有各自的生活习惯，因为特殊的历史原因，被集合在了竹坝农场这一个共同的生活圈子里。归侨与竹坝农场相辅相成，竹坝农场现如今具有的别样文化风貌，归侨功不可没。经历了半个世纪的风风雨雨，竹坝农场始终与我们的祖国同呼吸共命运，经历一段不同寻常的旅程。2004年，竹坝人民根据现有的资源定位，规划建设了“厦门竹坝南洋风情休闲度假区”，水利、电力、道路、交通、文化、教育、卫生等基础设施在各级政府的投入下成为现实，南洋大道、归侨文化活动中心、五星级公厕等旅游设施项目已投入使用。如今具有南洋风情、饮食特色和秀美风景的竹坝农场形成了以竹坝农场为集散地，连接北辰山、钓鱼台、影视城、梵天寺等景点打造同安旅游区，积极推进农家游、生态游的发展。

美丽的风光、务实的作风、完善的基础设施皆使得竹坝农场自身拥有足够的魅力吸引投资和游客。位于厦门同安区的竹坝农场，拥有得天独厚的生态环境和四通八达的交通。这里属于亚热带季风气候，温和多雨，适合发展热带、亚热带作物。农场内生态资源丰富，田园气息浓厚，湖光山色潋滟，田园风光旖旎。在农业方面，一则获得“中国台湾十大杰出青年”称号中两位优秀青年的先后加盟，他们在这里培育了单体重达 1 000 克的阳桃；二则引来享誉全球的快餐巨头麦当劳，并在竹坝农场设立了生菜配送基地；三则引来厦门台日食品有限公司、厦门青田食品工业有限公司等食品公司的加入，设立了蔬菜基地，发展订单农业，组织农户生产名优蔬菜。同时，竹坝农场的酒水文化也受到很多人的欢迎：不仅有充满异国风情的果酒和果醋，还有联合国难民署在竹坝援建的酒厂原产的、被法国调酒师称赞为“在中国喝到的最好的白酒”——竹坝米酒，以及可口的桂圆酒、糯米酒等。手工业方面，获得龙星宝公司的投资，进行工艺品生产并筹建旅游产品展示中心。旅游资源方面，依靠自身良好的生态环境、优美的田园风光，吸引厦门市学农基地和青训基地的落户，由此吸引了大量的孩子前来竹坝农场体验农家生活。

竹坝农场在时代发展洪流中，积极推动多元产业融合发展，鼓励规模性种植经营，依托厦门百利现代农业科技园、芳都观光果园等农业休闲示范点，推进农业“物联网 +”“互联网 +”发展项目，在打造都市休闲观光业的同时将特色农产品推向外界，获取更大的经济效益。自 2007 年开始，竹坝农场更是借助“旅游兴侨”这一机遇，通过“政府搭台，归侨唱戏”的形式：政府（农场）负责活动策划、展销摊位等平台建设，归侨侨眷、个体工商户及企业展销特色产品，并引导群众积极参与举办“竹坝南洋风情旅游嘉年华”“赏竹坝南洋风情，品同安特色美食”赶集文化游等大型活动，吸引周边地区游客。以 2017 年为例，竹坝农场共吸引 25 万人次游客，实现旅游综合收入 700 多万元，实现了发展旅游经济、促进场员增收的双赢目标。

归侨这一特殊的群体，带着共同的苦难记忆，踏入了同样陌生的生活圈。刚开始面对一个陌生环境，与周边人不一样，使他们处处显得独特，他们成为一个特殊的群体，这种特殊促成了这个群体的认同，即便之前的经历有差异，来自不同的侨居地，此刻这种特殊性，让他们形成自我认同，随着归来、生活、时间的推移，这种“似故乡”渐渐成为“是故乡”。❶

然而，当改革开放浪潮席卷而来时，我国的经济模式由计划经济转变成市场经济，采用集中安置模式的竹坝农场渐渐暴露出其模式间接造成的归难侨与本地社会化脱节以及华侨农场自身存在的问题，使得农场经济发展缓慢，广大归难侨处于较低的生活水平。且随着第一代归侨的自然消亡，二三代归侨子弟的在地化，因特殊年代、特殊原因而产生的华侨农场这一特殊聚落形态，必将随着社会的发展日益消减其独特性。❷近几年，尽管竹坝农场的经济建设和社会事业呈现出持续、和谐发展的态势，但仍未真正融入地方社会，农场生存发展大局仍有很大改进空间。

❶ 林俊杰 . 华侨农场政策执行状况研究［D］. 泉州：华侨大学，2014.

❷ 许金顶，姜泽华 . 厦门竹坝华侨农场体改及转型对策探析［J］. 华侨大学学报（哲学社会科学版），2011（1）：28.

第二节　竹坝农场的困境

改革开放，使得我国的经济发生了翻天覆地的变化，竹坝农场自身的问题也逐渐地暴露出来。虽然如今竹坝农场正在向着好的方向不断发展，但是它存在着的许多问题依然禁锢着竹坝农场的发展，下面将从农场管理、群体间利益、土地流转、政府工作这几个方面呈现竹坝农场的困境所在。

一、农场管理问题

（一）管理体制“三不明”

1. 辖区部分人员“身份不明”

改革开放后我国实行家庭联产承包责任制，为减轻农场财务负担，鼓励场员自主生产，农场规定：凡 1982 年未满 18 周岁的原住民和 1987 年未满 18 周岁的归侨子女，停止办理增员（职工），这使农场出现了越来越多的非职工场员群体。职工能享受到优越的职工待遇，而非职工场员既享受不到城镇职工医疗、养老保险等待遇，又不能和周边村镇农民一样拥有稳定的生产资料——集体土地，没有集体土地就意味着不可能获得征地补偿费用或者是农村“金包银”工程分红的好处。因此，非职工场员落入了非职工又非农民的尴尬境地，既无法参加城镇职工医疗、养老保险获得稳定生活保障，也无法获得土地这一农民最基本的生产资料，成为“种田无地就业无岗社保无份”的“三无农民”。这不仅妨碍了农场的土地调整以及项目的开发建设，稍有摩擦，处理不慎还极易引发群体性的矛盾纠纷，容易成为当地社会不安定的隐患。[1]

2. 管委会下辖的管区“身份不明”

开发区管委会现下辖的三个管区，履行着类似村委会的行政职能，但在划归了属地管理后，对其机构设置及职能没有重新给予明确的规定和确认，特别是对非村非居（城镇居民）人员，无章可循，无法可依，逐步被边缘化。管区无法参照享受如厦门市区推行的村村通、新农村建设、村部无址办公建设、防汛视频点建设等惠民政策。这不仅不利于农场的人员建设，还容易引发非村非居人员的不满。

3. 开发区管委会“身份不明”

竹坝农场管委会按乡镇的内设机构设置有六个科室，承担一级乡镇政府的工作职能，即承担辖区社会事务管理行政职能和受委托的经济管理职能。但农场管委会本身属事业单位，这种自相矛盾的管理体制，缺乏行政执法主体，职责不能统一，干部难以交流、轮岗，难以调动领导干部的积极性。[2]

（二）法律制度缺位

竹坝农场从成立开始就融合了人群结构复杂性、土地国有性、政治色彩浓厚性等特殊性质。这种特殊性自然是有利有弊，它在计划经济时期为竹坝农场带来了充裕的发展资源，但也因管理体制独特性因而没有被纳入常规制度体系当中。

---

[1] 许金顶，姜泽华. 厦门竹坝华侨农场体改及转型对策探析［J］. 华侨大学学报（哲学社会科学版），2011（1）：27.

[2] 许金顶，姜泽华. 厦门竹坝华侨农场体改及转型对策探析［J］. 华侨大学学报（哲学社会科学版），2011（1）:25.

法律规章一般较为宽泛，主要考虑普遍性，较少针对各个华侨农场特点制定。如《归侨侨眷权益保护法》及国务院实施办法，是归侨侨眷争取和保护自身利益的主要依据，但调整对象为归侨侨眷，而竹坝农场还存在大量本地场员、移民场员，并不属于这部法律“权益保护”范围，特别是华侨农场停止“自然增员”后出现的非职工场员，在利益调整中既不能以农村农民政策为依据，也无法以企业职工政策为依据，自身利益无法可依。

国家和省级政府针对华侨农场出台的政策，对基层具体管理事务往往是方向性指导，而非执行性细则。如 1997 年福建省侨办要求华侨农场职工的养老、医疗保险统一纳入地方社会保险统筹，但没有详细规定如何纳入，完全由地方政府研究决定。竹坝农场职工 2000 年参加城镇职工基本养老保险、非职工场员 2007 年参加被征地人员基本养老保险、职工 2018 年解决养老保险“低进低出”问题过程中，场员长时间、多频次到厦门市、同安区政府信访以争取政策，才最终得以落实。

各级政府在解决社会问题、制定改革政策时，由于竹坝农场的特殊性，或者刻意将其作为特例延后处理，或者只考虑到普遍情况而将其遗漏。如在个人住房建设方面，竹坝农场参照农村集体土地开展场员个人建房审批，但上级政府规章制度针对的对象为集体土地而不包括国有土地，审批授权对象为镇人民政府而不包括竹坝农场，导致竹坝农场场员在办理个人住房产权登记、注销时遭遇难题。

竹坝农场的经济发展受此制约而无法与周边地区完全融合，社会问题不断积累而无法跟随社会整体变革化解，形成了经济“孤岛”与社会问题“堰塞湖”，场员在争取改革政策和自身利益时，由于无法可依，往往采取越级上访、群体性事件等激烈手段，场员、农场、上级政府多方博弈的成本非常高，甚至威胁到辖区社会的安定稳定。[1]

---

[1] 林起哲．我国华侨农场管理体制研究：以竹坝华侨农场为例［D］．厦门：厦门大学，2019.

（三）社会管理“内卷化”

“内卷化”概念源于美国人类学家戈登威泽对于文化现象的研究，主要指一种组织内部不断精细化的文化现象，即达到了某种状态之后，这种组织既没有办法稳定下来，又没有办法使自己转变到新的状态，取而代之的是组织内部不断复杂化。具体到社会管理“内卷化”，是指社会管理既没有突变式发展，也没有渐进式改良，而是不断自我复制而精细化、复杂化。[1]

随着现代社会经济的快速发展，社会大众生活水平逐渐提高，人们的思想观念、经济活动、利益诉求呈现出多样化的特征，社会管理也日益复杂化。厦门市和同安区为了响应这种需求，提高农场场员自我管理、自我服务水平，举办了“文明引力波”“美丽厦门，共同缔造”等各种活动，企图通过宣传“共同缔造”信念感来鼓励场员积极投入社区志愿服务，引导场员参与社会治理，真正意义上成为竹坝农场的主人，将话语权掌握在自己手上。竹坝农场虽然组建了多支志愿服务队、护村队等群众组织，并且组织各项活动，但多数活动却是通过发放补贴来吸引场员参与，然而用金钱引导场员形成“自己当家做主”责任感的计划并不奏效，这种使用补贴吸引场员参与的方式相当于农场聘请场员担任“志愿者”这一角色完成农场交办任务，并非场员群众进行自发组织、自我管理和自我服务。实际上，农场对日常治安的秩序维护、小区物业管理安置、房屋周围环境卫生打理以及场内旅游氛围的布置等可以让场员、企业自发管理的事务全部“大包大揽”，社会管理呈现出“内卷化”现象：农场“包办”社会事务，使场员习惯性依赖农场，进而导致农场对场员自治能力的不信任，只好自身包揽更多场内事务。

社会管理“内卷化”问题的根源在于竹坝农场管理理念停滞不前，缺乏创

[1] 王洪斌．新型农村社区社会管理创新“内卷化”及治疗对策［J］．中州学刊，2014（2）．

新，缺乏与时俱进的精神。作为以“安置侨民”为主要任务的事业单位，竹坝农场一直以来不仅注重组织归难侨生产自存自救能力、提高生活水平和生活质量，也注重照顾场员特别是归难侨的生产生活，长期以来就形成了“大家长”式的管理习惯，对事务处理习惯大包大揽，管理方法仅仅停留于指令式要求，以“家长”的身份要求场员做指定性的事物，不要求主动出击也不要求反馈意见。不仅没有尊重场员意愿的意识，也没有积极与场员互动互助的观念，基本上是根据上级政府要求推行改革政策，把农场自身当成管理者而不是服务者，把场员当作管理对象而不是服务对象。

（四）存在“政企合一”的倾向

竹坝农场在划分好属地管理后，虽然已经将学校、卫生所等社会职能移交地方政府，将医疗、养老保险等纳入地方社会统筹，这使得“社企分离”的目的基本实现，但关于“政企分开”，农场并没有通过设立基层政权的方式来推进，政府与企业职能被混淆在一起，事权、财权难以分离，实际上是强化了“政企合一”的倾向，“政企合一”不仅影响了政府的履职和约束，还影响了企业的经营与发展。

第一，影响“政”的正常履职。开发区管委会作为经济社会管理主体，同安区每年在绩效考核中将其纳入镇街类指标体系，但由于与竹坝农场实行“两块牌子，一套人马”，相对镇街还要多承担农场企业运营职责，如内设科室仍直接承担自来水厂运管、职工社保缴交、资产资源出租与管理等业务，挤占了工作时间和精力，影响了公共服务的质量和效率。

第二，影响“政”的权力约束。当“政”“企”身份被混淆时，本质上就已经突破了“准政府”应当受到的权力限制和约束，变相扩张权限。如按照《同安区机关事业单位编外人员聘用管理暂行办法》规定，只有三种情况允许招聘编外人员：经区编办核准招标、经区委区政府研究同意、根据上级文件规定并经本级政府同意。问题就在于管委会因其自身性质，并不受上面这一条规定的限制，当“政”“企”身份被混淆时，它就可以利用农场企业名义招聘工作人员，以此规避这条规定。但事实上，管委会与农场是“一套人马”，内部职责和岗位也没有进行详细的分离，也就是相当于管委会借企业名号在进行招聘。再以土地收储事项为例，竹坝农场的土地归农场所有，同安区政府在农场内的土地收储项目一般委托管委会——区政府派出机构——作为业主单位，程序上由管委会与农场签订收储协议。但由于管委会与农场的法定代表人、工作人员、管理班子都是同一群人，相当于“左手与右手”签协议，大张旗鼓做做形式给别人看。在土地收储中没有协商过程，更别说谈判过程，整个环节只体现区政府和管委会的意志，忽略了场员的意志，管委会可以说是完全覆盖了农场土地所有权人的角色。

第三，影响“企”的正常经营。“政企合一”模式下，竹坝农场成了一个“有名无实”的农场——只有企业之名，没有以营利为目的、自负盈亏的企业之实，最明显的影响之一就是使得农场缺乏发展动力，当经济开发区牌子由政府加挂后，竹坝农场实质上成了“准政府”，工作人员基本为行政人员，薪资由同安区财政负担，稳定的薪资和工作条件使得农场既缺乏追求企业绩效的动力，也没有资产资源管理专业人才，因而企业无法做大做强。另外，行政色彩浓厚，除了工业厂房和商业店面这种资产资源，其他土地房屋资源出租多受政府政策照顾，无法推进农场内的市场化运营。[1]

[1] 林起哲．我国华侨农场管理体制研究：以竹坝华侨农场为例［D］．厦门：厦门大学，2019.

二、多元群体间利益不平衡

竹坝农场人群中有归侨侨眷、移民场员、本地场员等不同群体，而其中又有职工和非职工等不同身份。不仅农场人群结构复杂，其群体之间、代际之间也呈现出政策执行不一致、利益不平衡等现象。

这些多元群体间利益上的不平衡，首先就是“自然增员”政策在群体间、代际间执行不一致的问题。在早期安置归难侨以及本地场员随生产大队并入竹坝农场时，但凡劳动力满足成年这一条件，就可以转为职工场员。并且归难侨侨眷如归难侨子女，只需要满足“年满16岁”这一条件并参加场内劳动生产，就可以成为职工场员。然而本地场员却还需要额外具备初中及以上学历的条件才能成为职工场员。除此之外，停止“自然增员”的时间不同，本地场员“自然增员”于1982年就已经停止实施，而归侨侨眷到1987年才停止了“自然增员”这一政策。

其次，关于耕地承包数量分配不平衡问题。改革开放刚开始时，为了体现国家政策对华侨农场的照顾，政府将当时所得收益较高的龙眼果林优先承包给归侨及其侨眷群体，本地场员则负责承包收益较低的耕地。然而到了21世纪初，由于经济市场环境的变化，特别是出现全国龙眼树栽培面积增大、产量增加、品种良莠不齐等情况，造成了龙眼卖果难、果子单价低等问题，龙眼果林逐渐失去鲜果市场的竞争力，大部分归侨侨眷便放弃了龙眼果林管理，但此时竹坝农场内已没有可供归侨侨眷承包的耕地。这造成了当前本地场员有耕地、大部分归侨侨眷没有耕地的情况，给竹坝农场带来沉重的信访工作和社会稳定压力。上面提到的两种多元群体间利益不平衡的情况，主要是由于基层民主建设的缺位：一方面场员发声困难，诉求和意见难以在政策决策中得到体现。场员的生产生活资料属农场所有，农场改革政策直接由领导班子决策，缺少村、居民代表大会或者人大等决策过程，只体现农场作为“准政府”的安排，而非场员的意见和诉求，场员利益难以保障；另一方面，集体协商缺失，竹坝农场复杂的人群构成决定了利益诉求的多元化，缺少民主协商和集体决策，就难以在政策制定时做到“兼听则明”，解决问题往往“头痛医头、脚痛医脚”，不同群体间的利益容易失衡。❶

最后，还有竹坝场员待遇不平衡问题。竹坝农场自其成立开始就一直承蒙国家特殊政策照顾和扶持，虽然农场场员多数从事农业生产，但管理人员与场民享受全民所有制职工待遇，与厦门市其他农村村民的待遇存在一定的差别。在市场经济体制下，竹坝农场的耕地仍属于国家所有资产，但因为政策和制度的不完善，出现一部分场民与管理人员享受着全民所有制职工的特殊优越待遇，而另一部分人则成为非职工非农民的“身份不明”人员的情况。这种局面一方面导致竹坝农场场员与地方人员无法进行人事交流，另一方面在农场人员中形成对国家“等、靠、要”的观念，封闭的人事制度和管理氛围已成为制约竹坝农场的思想桎梏。❷

❶ 林起哲．我国华侨农场管理体制研究：以竹坝华侨农场为例［D］．厦门：厦门大学，2019.

❷ 许金顶，姜泽华．厦门竹坝华侨农场体改及转型对策探析［J］．华侨大学学报（哲学社会科学版），2011（1）：27.

图 6-1　竹坝农场未被改造的老宅区小卖部

三、农场土地流转困难

由于竹坝农场是特殊时期特殊政策的产物，它的土地权属就具有特殊属性，当涉及土地流转事务时，由于没有完善的规章制度甚至相应的法律，极易造成与场员的矛盾冲突，变成社会隐患。

农场土地出现的流转困境体现出了农场实施的土地政策缺乏“以人民为中心”的思想。由于“农场土地、资产资源为国有”的外在形式，忽视了农场发展是为了提高场员生活水平这一本质目的，僵化履行国有土地保护和增值职责，没有将场员当作服务对象和农场发展的主人，没有主动为场员长远生活保障做出安排。第一，是有关征地补偿问题。按照同安区农村集体土地的征地综合补偿标准，土地补偿价格为 9.7 万元 / 亩，其中大部分直接发放给被征地的村民。但当竹坝农场涉及征地问题时，农场和上级政府认为土地为国有财产，土地补偿费属于农场收入，不愿意按照征地补偿标准下发给场员个人，只愿意向场员发放青苗和地上附着物的补偿。场员们当然要求农场参照集体土地征收政策将补偿费发放到个人，双方各持己见，意见往往无法达成一致，两方相持不下，土地流转自然被终止。第二，是失地后场员的生活保障问题。厦门市在“村改居”或较大规模征用农村集体土地时，会按人均15平方米的标准为村集体预留发展建设用地，用来发展集体合作经济。但竹坝农场在管理改革的过程中，由于土地全部为国有资产，农场并没有预留好发展建设用地。随着资本的席卷，不断征用竹坝农场的大量农业用地和建设用地，竹坝农场一直以来作为场员赖以生存的土地逐渐向企业方流转，场员的生活失去稳定长远的保障。况且目前的竹坝农场并没有形成良性的商业生态，在原有的村民自发形成的商业生态被破坏后，以厦门国贸控股集团有限公司为主导的旅游规划大而无当，不仅没有解决当地居民的就业工作问题，反而将村民原本能自发利用起来的土地、店铺等资源闲置。[1]

四、政府工作方面的问题

竹坝农场是由政府主导的，工作中主要存在以下问题，如工作面泛泛不够精细和流于形式主义。政府的规定很多，比如像燃气都有相应的规定与管理，但有些时候基层的人手确实不多，而每个部分都需要基层去管。更好的形式应该是从政府管理往村民自治的角度去发展。以村委会居委会的形式为例，他们决策后报给政府，由政府给他们进行指导，而不是政府大包大揽。政府大包大揽的效率并不高，写进村规民约形成约束才是可持续发展的道路。政府放手的方式应该是“慢慢放”，也应当考虑基层下面能不能接受得住，接受的程度如何。包括倘若放到最基层，村民能不能懂？需不需要给他们培训？需不需要进行引导？需不需要纳入一些条款？或者特殊处理有没有相关的渠道？这些问题都需要在制度设计过

❶ 林起哲．我国华侨农场管理体制研究：以竹坝华侨农场为例［D］．厦门：厦门大学，2019.

程中去研究，去落实。

再比如烧秸秆问题，烧秸秆确实会对环保进程造成影响，但有时候政府为了解决这个问题，会采取马上收购这种方法。这种方法在有些地方可以施行，有些地方鉴于各种情况却不能施行，不一样的条件不可以采取同一种方式，不可以一根棒子全部打下来。烧秸秆问题更多的是需要督促村民慢慢养成习惯，形成共识，而不是政府采取强制措施把秸秆收回，否则村民仍然会在平时政府没有进行检查的时候再犯同一错误。虽然政府这种措施有时候可以理解，因为政府管得太多自然就管不过来，如果每个部门都按上述情况做的话，工作人员就会十分难受。

况且，竹坝农场作为20世纪特殊政策的特殊产物，自然受到国家政策的倾斜照顾，随着社会转型、经济快速发展等变化，原有的针对华侨农场的特殊政策也逐渐消失其应时性，甚至出现了政策交相重叠的情况，以至于失去政策可行性的能力。换言之，当前不是政策太少，而是政策太多。当前华侨农场各类问题的解决，应以常规性的政策为前提，重视华侨农场政策调控与转型的内在联系，在农场社会保障与农场社会化息息相关的层面上，寻找合理对策。

第三节　竹坝农场的前景

一、乡村振兴建设

对于竹坝农场来说，作为乡村振兴示范点建设是难得的发展机遇，顺应时代发展的东风大力发展是发展竹坝农场最好的机会，2018年七八月正式启动的竹坝乡村振兴至今已有两年多的时间，竹坝农场的乡村振兴计划是长久的，不可能一蹴而就，在这中间更应加大场内外的宣传力度，通过宣讲等活动让场民了解乡村振兴战略的目的与意义，以争取场民的支持。同时，上层领导的关心和重视能让竹坝农场的乡村振兴计划实施得更加顺利。再者，由于厦门的客观原因，农村基本集中在岛外，政策上的倾斜，使得政府对竹坝农场的基础设施建设投入非常大。我们从以往竹坝农场改制的经历中学习改制的优秀经验，并结合竹坝农场当前面临的主要困难，助力我们更好地反思改革战略与措施。

土地是农民赖以生存的生产资料，是实现乡村振兴的关键基础资源。党的十九大要求，实施乡村振兴战略要深化农村土地制度改革，保持土地承包关系稳定并长久不变。竹坝农场地处农村，传统的农业生产是场员最基本的谋生手段，对非职工场员而言，土地更是唯一的生活来源和退休后的生活保障。推进竹坝农场管理体制改革，要基于农场实际上是农村、场员实际上是农民的判断，着力创新政策，实现特殊的土地权属与我国农村集体土地政策有效衔接，中央

〔1985〕26号文件指出："华侨农场通过改革，结合进行政权建设，应逐步转为以群众性的合作经济为主的经济形式。"因此，竹坝农场应从两方面推进土地制度改革：一是参照周边农村确定非职工场员的口粮日规模、分配办法、承包期限等，参照集体土地推行土地所有权、承包权、经营权分立的流转政策和个人建房宅基地审批政策，为场员提供长期稳定的生产生活条件；二是在城镇化过程中，大面积征收土地时可以推广大旺华侨农场"同富裕工程"、光明华侨农场"返还发展用地"等做法，发展群众性的集体合作经济，将场员纳入"村改居"农民的生活保障政策框架之中，彻底实现土地政策常态化。

（一）乡村产业振兴

乡村振兴，产业兴旺是重点。国家鼓励构建农村一二三产业融合发展体系。大力开发农业多种功能，延长产业链、提升价值链、完善利益链，通过保底分红、股份合作、利润返还等多种形式，让农民合理分享全产业链增值收益。农产品生产销售的环节主要卡在农产品的销售上，农产品的脆弱性和不稳定性大大提高了农场对于运输销售的需求。加强农产品产后分级、包装、营销，建设现代化农产品冷链仓储物流体系，打造农产品销售公共服务平台，支持供销、邮政及各类企业把服务网点延伸到农场，健全农产品产销稳定衔接机制，大力建设促进农村电子商务发展的基础设施，鼓励"互联网+"新型农业产业模式，加快推进农产品流通现代化，以求达到农场的利益最大化。[1]竹坝农场还可以实施休闲农业和乡村旅游精品工程，利用闲置农房发展民宿、养老等项目进行产业的创新，竹坝农场优越的地理位置和环境在第三产业的发展上拥有足够的优势，南方的气候环境、处于厦漳泉中心区这些优势都足够吸引投资方和终端用户。发展乡村共享经济、创意农业、特色文化产业才是这个新兴社会最有力的措施。

---

[1] 中共中央　国务院关于实施乡村振兴战略的意见［N］. 人民日报，2018-02-05（001）.

政府在竹坝农场的乡村振兴中扮演着积极扶持和引导的角色，具体措施就是招商引资，包括引进国企——厦门国贸控股集团有限公司，作为竹坝农场的主力军。2018 年 7 月，厦门国贸控股集团有限公司和同安区人民政府共同打造乡村振兴示范区，正式签约同安竹坝五显片区，并组建成立国贸地产文旅开发投资公司。这对竹坝农场的发展来说是新的转折点。同安区政府与国贸控股双方发挥各自优势——国贸的整体实力强大且拥有丰富经验，包括资金、人才、基建、教育康养，通过对竹坝农场的乡村生态资源的整合开发，计划将其打造为以现代科技观光农业、归侨文化风情、教育拓展培训、休闲旅游度假及健康颐养居住为主要功能构成的国内一流乡村振兴样本。

休闲马术的发展，同样迎合现代都市人群对田园牧歌生活的向往，以马术文化为背景的旅游休闲让马术文化在竹坝农场生根发芽。2019 年，福建最大马术基地落户竹坝农场，同安区政府与厦门伯爵马术俱乐部有限公司签约打造福建省最大的马术青训基地。其中分为青训实践、教育培训、体育赛事、休闲旅游四大板块，同时也将作为厦门竹坝国际青少年交流基地的研学配套部分。

随着国企力量的注入，竹坝已有近 40 个项目建设完成，包括慢行系统改造提升等 20 多个项目正在推进。现如今，在“政府主导、镇场主体、国资助力、农民参与”的模式推动下，一个集现代科技观光农业、归侨文化风情、教育拓展培训、休闲旅游度假等为一体的一流乡村振兴范本，正在从蓝图转化为现实。2019 年，首届同安竹坝“农夫集市”、同安区“中国农民丰收节”暨“凤梨穗”龙眼采摘节均在竹坝启幕。一系列富有南洋风情、展现丰富产品的活动摆上“展台”，游客闻声纷至沓来。

2019 年 5 月中旬，“乡村振兴 · 南洋风情”最美乡村越野跑在竹坝鸣枪开跑。“我经常到竹坝跑步，感觉竹坝最近变化特别大。”参赛者钟磊告诉采访他的记者。脚踏乡村跑道，犹如在画中迈步：竹坝开发区的许多水泥路变成了沥青路，民居都统一改造成坡屋顶，彩色沥青跑道沿途还有带状公园，乡村振兴的成果跃然眼前。在实施乡村振兴战略的大背景下，一个个品牌活动成为乡村成果的展示窗口，成为吸引游客、创业者们前来的强力磁极。竹坝开发建设事务中心相关负责人表示，今后，他们将继续携手多方力量，深化品牌活动创建，从而充分展现振兴成果，凝聚更多力量走进乡村，参与其中。

中国首家“航天农业特色小镇”——厦门航天农业特色小镇正式落地竹坝农场。这是中国空间技术研究院“航天搭载业务战略合作伙伴”“空间生物联合实验室”以及厦门市同安区青少年科普教育基地，集航天科技博览、航天农业体验、航天育种展示、航天果蔬采摘等功能体验于一体。项目分成两大板块，航天农业板块和航天文旅板块。在项目总指挥部1千米范围内的近200亩的农田预备打造福建首个“太空农庄”。首先启动的是66亩的“北斗七星园”，园区主要对航天育种的成果进行展示，还有农业体验园。作为航天小镇重要板块的航天科普园将展示航天农业的发展历程以及所取得的成就。大众尤其是青少年对航天知识的认知模糊且薄弱，航天小镇的建设弥补了大众对于航天领域了解的缺失。游客还可以参与到农业体验中，观看甚至触碰到真正的航天育种作物。这些配套措施进一步提升了厦门航天农业小镇“航天农业+青少年研学”的整体运营概念，树立新的“航天农业+研学”的文旅品牌。随着新冠疫情的好转，被迫中断建设的航天小镇也在逐步完善。未来，研学营地将成为厦门航天农业小镇的一大突出特色，围绕教育部政策和大纲规范，配套适合不同学段的学生、与学校教育内容相衔接的课程，打造适合中小学生的互动体验空间，建成兼具安全教育、劳动教育、地域传统文化与现代科技，集食、宿、学、研为一体的具有航天农业特色的研学营地，为学生全面发展提供良好成长空间。厦门航天农业小镇将着力打造成为国家级科普教育基地、国防教育基地、爱国主义教育基地，并积极开展辐射福建本省乃至全国青少年研学旅行活动，将为同安及厦门的研学旅行的发展注入强大活力。

6-2 厦门航天小镇总指挥部

6-3 厦门航天科技博览馆的展品

6-4 厦门航天小镇总指挥部门口处的模型

（二）乡村人才创新

实施乡村振兴战略，必须破解人才瓶颈制约。以往农场领导人基本产生于农场内部，与所在地很少有人事交流。农场人员长期工作、生活在有特殊关照的计划经济体制环境中，观念陈旧，缺乏创新意识，体制改革裹足不前。必须创新乡村人才培育引进使用机制。[1]建立城乡、区域、校地之间人才培养合作与交流机制，鼓励和欢迎新型人才进入。尤其是新型职业农民和科技型人才，竹坝农场需要有新的活力参与进来，新进人的人才会像“一石激起千层浪”般引起极大的变革，包括经济发展模式、管理方式等都会因为专业人才的加入而有新变化。竹坝农场前期由于管理人员存在的种种问题从而造成了种种困境，如村民原本应该拥有的土地和房产在被收走后没有得到应有的补偿，包括在这过程中因村民对华侨农场的依恋之情受到的不可估量的破坏，以及延续到如今的补偿问题产生的官司

[1] 许金顶，姜泽华．厦门竹坝华侨农场体改及转型对策探析［J］．华侨大学学报（哲学社会科学版），2011（1）：28.

对新一届领导班子开展工作造成极大的障碍。好在2018年竹坝农场领导班子的更迭为农场带来了改变——管理方式的改变配合国企的支持，大幅度改善了村民的生活，缓和了民众的不满。

（三）乡村文化创新

在乡村振兴建设中，乡风文明是保障。传承发展提升农村优秀传统文化，保护好文物古迹、传统村落、民族村寨、传统建筑、农业遗迹、灌溉工程遗产，支持农村地区优秀戏曲曲艺、少数民族文化、民间文化等传承发展。竹坝农场从20世纪走来，归侨和当地场民的“碰撞”使竹坝农场产生了不一样的文化，例如，来自东南亚的美食，带有东南亚特色的建筑，芗剧歌仔戏高甲戏等闽南戏剧，尤其是东南亚音乐和舞蹈，这些都是值得保护并且传承的优秀文化，保护好文化的根才能保护好竹坝农场的魂。竹坝农场根据农场建立的特殊历史条件和发展历程，立足长远发展，营造农场“侨”字特色，做足“侨”字文章，合理运用“侨”字资源，将开发南洋风情旅游业作为重点先导产业。积极招商引资，夯实农场经济基础，进而积极开展保“侨”工作，落实归侨政策，实施侨居造福工程，解决农场职工的社保、医保问题，建设归侨文化活动中心，丰富侨民文化生活。[1]

首先要加强农村思想道德建设，以社会主义核心价值观为引领，坚持教育引导、实践养成、制度保障三管齐下，采取符合农村特点的有效方式，深化中国特色社会主义和中国梦宣传教育，大力弘扬民族精神和时代精神。加强爱国主义、集体主义、社会主义教育，深化民族团结进步教育，加强农村思想文化阵地建设。深入实施公民道德建设工程，挖掘农村传统道德教育资源，推进社会公

❶ 许金顶，姜泽华．厦门竹坝华侨农场体改及转型对策探析［J］．华侨大学学报（哲学社会科学版），2011（1）：28.

德、职业道德、家庭美德、个人品德建设。推进诚信建设，强化农民的社会责任意识、规则意识、集体意识、主人翁意识。[1]挖掘乡村熟人社会蕴含的道德规范，结合时代要求进行创新，强化道德教化作用，引导农民向上向善、孝老爱亲、重义守信、勤俭持家。建立道德激励约束机制，引导农民自我管理、自我教育、自我服务、自我提高，宣传身边好人的典型事迹，弘扬真善美，传播正能量。加强对场员的中华民族传统美德教育，深化法制教育，引导和教育场员群众明是非、辨善恶、识美丑，树立社会新风尚，形成有利于社区发展的新风气。通过鲜活的文化体育活动对场员进行文化艺术教育和文明素质教育。建设归侨文化活动中心，推进“文明场员”评比活动，出台评比标准和奖励办法，激励和引导场员遵纪守法、文明礼貌、诚实守信、勤劳致富、爱岗敬业。[2]

接着要开展各项精神文明活动，通过广泛开展文明村镇、星级文明户、文明家庭等群众性精神文明创建活动，丰富场员群众精神文化生活，提高场员科学文化素养。竹坝农场经常性地与社工联手开展各项活动，创设了“周五便民日”“竹坝社区共融日”，开展了“益创竹坝社工服务项目”“幸福空间妇女儿童关爱服务项目”和“亲子游园活动”。其中有以“其乐融融”为主题的老人季度生日会活动，有竹坝社区共融日之“游乐园活动”，活动参与人群覆盖老、中、青（包括残疾病患）不同年龄段150余人，通过有奖猜谜、通关游戏、趣味棋牌、中医义诊四个环节来展开，在照顾到妇女儿童的同时，也把长者、残疾病患的需求一并融入，达到社区全民同乐，收获友邻互助、提升社区凝聚力，推进“近邻党建”的深度融合。竹坝场员还组建了自己的艺术团，跳秧歌、踩高脚，演奏东南亚的音乐，节假日的时候在村里进行演出，甚至被外面的机构邀请前往

[1] 中共中央　国务院关于实施乡村振兴战略的意见［N］. 人民日报，2018-02-05（001）.

[2] 许金顶，姜泽华. 厦门竹坝华侨农场体改及转型对策探析［J］. 华侨大学学报（哲学社会科学版），2011（1）：28.

表演。热闹的氛围，轻松的生活状态，让竹坝场民拥有很高的幸福指数。

2020年新春，同安区乡村振兴首场巡回慰问演出就于竹坝农场举行。这台融合南洋风情、闽南文化等多种元素的歌舞表演是“竹坝一台戏”的第一次亮相。轻盈朴实的泰国《长甲舞》，欢乐雀跃的印度尼西亚舞蹈《美丽的小羊羔》，古韵悠悠的汉族女子群舞《荷花赋》……同安区青年艺术团、竹坝南洋艺术团、银安堂南音研究会等艺术团纷纷献艺，为居民和游客带来了一场氛围热烈、元素多样的演出。演出由三个篇章构成——“风情舞动乡村美”结合竹坝南洋特色风情，展现乡村振兴战略下诗意同安的美丽画卷；“闽韵振兴乡村乐”用闽南传统艺术文化述说同安人民对乡音、乡土的无限眷恋之意；“幸福歌唱新时代”用童真童趣唱响新时代赞歌，将整场演出推向高潮。“从美食到表演，竹坝处处充满异国风情。”演出总导演黄新介绍，首场巡回演出选址竹坝，演出团队因此创作了不少具有南洋风情的舞蹈，和同安南音、凉伞腰鼓等文化作品一同登台。“我们还邀请了小白鹭民间舞艺术中心这一‘鹭岛名片’参加，让高雅艺术走进同安区，提升整台演出的品质。”[1]

对于乡村文化，竹坝农场尚处于过渡区，农场大方向是正确的，但是还有相当庞大的提升空间，譬如老人的思想水平、党建等方面。

（四）乡村生态振兴

坚持绿色发展，加强农村环境问题综合治理，让良好生态成为乡村振兴支撑点，落实生态发展理念，实施农业绿色发展理念。通过积极开发观光农业、游憩休闲、健康养生、生态教育等，创建特色生态旅游示范村镇和精品线路，打造绿色生态环保的乡村生态旅游产业链。农村人居环境整治是一项硬任务，竹坝农场与同安区建设局共同制定完善片区裸房立面改造及平改坡实施细则，快速推进一

[1] 罗子泓．“竹坝一台戏”首秀迎新年［N］．厦门日报，2020-01-02（A04）．

期32栋民宅改造，已于2019年2月全部完工。美观的瓷砖、喷漆取代了裸露的外墙面，闽南特色红瓦搭成屋顶。竹坝开发区农房整治尊重人文环境，结合历史特色，充分彰显其特有的南洋建筑风貌，体现社会精神文明。整治过程中，村民参与整治行动，多方协作共同推进整治进程。区建设局作为技术指导部门，成立质量监督小组，建立健全质量监督审核制度和完善项目验收制度，指导、推进平改坡和裸房整治工作。

6-5　竹坝农场外墙美化翻新后的旧居民房

（五）乡村组织振兴

乡村振兴，治理有效是基础。必须把夯实基层基础作为固本之策，建立健全党委领导、政府负责、社会协同、公众参与、法治保障的现代乡村社会治理体制，坚持自治、法治、德治相结合，确保乡村社会充满活力、和谐有序。

首先，应加强农村基层党组织建设。扎实推进乡村振兴，突出政治功能，提升组织力，把农村基层党组织建成坚强战斗堡垒。强化农村基层党组织领导核心地位。

其次，应深化村民自治实践。坚持自治为基，加强农村群众性自治组织建设，健全和创新村党组织领导的充满活力的村民自治机制。

最后，要建设法治乡村。坚持法治为本，树立依法治理理念，强化法律在维护农民权益、规范市场运行、农业支持保护、生态环境治理、化解农村社会矛盾等方面的权威地位。[1]

二、理顺管理体制

随着新时代的发展，我国的生产方式、组织方式、管理方式正在发生质的变化。近几年，竹坝农场的经济建设和社会事业呈现出持续、协调发展的态势，但仍未真正融入地方社会，农场的管理体制问题仍然是制约华侨农场生存发展大局的关键因素。深化华侨农场管理体制改革，是建设和谐社会的需要，是建设社会主义新农村的需要，是农场融入地方的根本保证。竹坝农场的体制转型应该按照《国务院关于促进华侨农场改革和发展的意见》的精神，本着“因地制宜，分类指导”“立足当前，着眼长远”“一视同仁，适当照顾”“中央支持，地方负责”的原则特事特办。明确农场管委会执法主体身份，有利于干部的交流引进、聘用，提高农场干部的整体素质，激活内在活力。

（一）将农场管区转变为社区居委会

对竹坝农场现有三个管区按照特事特办的精神转变为社区居委会，使其具有自我管理、自我教育、自我服务等职能。尽快明确农场人员身份，做好农场职工

---

❶ 中共中央　国务院关于实施乡村振兴战略的意见［N］. 人民日报，2018-02-05（001）.

身份的转换工作，把农场中非工非农人员从农场中剥离出来，对现有未达到退休年龄的农场职工，买断职工身份，与农场解除劳动关系，依照有关规定一次性支付经济补偿金，并妥善解决好解除劳动关系后职工的养老、医疗等社会保险，确保农场的稳定，对归侨子女发给安置补助金，并按有关规定参加基本养老保险改制，经费由财政统筹解决。这样有利于农场的土地收储、项目建设和产业结构的调整、转型，加速旅游先导战略的实施。

（二）确保政策常规化、制度化、连贯性

各级领导虽然多次来到竹坝农场调研，协调解决农场发展过程中所面临的历史遗留问题和现实问题，并投入大量资金支持农场经济建设。但这种投入不稳定，取决于时机和农场管委会与上级的沟通、协调力度。从农场可持续发展的角度考虑，应该将各级政府对农场的扶持常规化、制度化甚至法制化，保持政府扶持政策的连贯性。

（三）建立健全的管委会领导人选拔机制

建立科学的管委会领导人的选拔、激励机制是农场发展的关键。在农场管委会领导人选拔过程中应打破场内外的限制，制定合适的用人标准，建立科学的选拔制度，并实施有效的激励，这样才能将素质高、领导能力强、富有创新意识的人选放到农场领导岗位，成为农场改革发展的带头人。[1]

---

[1] 许金顶，姜泽华 . 厦门竹坝华侨农场体改及转型对策探析［J］. 华侨大学学报（哲学社会科学版），2011（1）.

（四）推行属地化和常态化

竹坝农场的特殊性，根源在于其安置归难侨的特殊政治任务和历史使命，经过数十年发展，回国时已成年的归难侨都已经退休，回国时是孩童的归难侨基本在华侨农场接受国内教育、接触本地文化，没有适应问题，归难侨的文化适应也不存在代际延续问题。当前化解竹坝农场管理困境的关键，正是要消除特殊性，彻底改变已经无法适应时代变化的独特管理体制，融入地方体制和常规制度，构建属地化和常态化的治理体制，使“有法可依、有法必依”成为现实。

推进管理体制属地化。竹坝农场应当充分把握当前全国开展新一轮行政机构改革的有利时机，推进基层政权建设，并合理设置管理机构及其内部结构、职能体系。在管理方面，根据基层政权设置情况，除了跟随华侨农场重组实现社会治理常态化，还要善于运用法规政策解决各类社会治理问题，逐渐清理和退出各类特殊政策。在住房保障方面也应当逐步从农场建房供房的政策中退出，将归侨侨眷住房安置纳入地方住建部门廉租房、保障房等住房保障政策中解决。职工关系的部分场员家眷群体这一服务对象的特殊性，通过增设侨务服务类部门或机构，实现管理体制彻底属地化。[1]

（五）健全“三治融合”的治理体系

实施乡村振兴战略要求建立自治、法治、德治“三治合一”的现代乡村社会治理体系，政府治理、社会调节、居民自治三者良性互动的运行机制是乡村社会和谐有序的有力保障。

推进基层民主建设，实现居民自治。由于场员的生产生活资料属农场所有，有必要通过群众自治体系建设平衡场员与农场双方的话语权，在改革过程中为双

[1] 林起哲．我国华侨农场管理体制研究：以竹坝华侨农场为例［D］．厦门：厦门大学，2019.

方利益关系调整创造协商平台，形成良好的双向互动机制，保障场员利益，促进农场的安定和谐。因此，要统筹推进农场本级和下辖社区的民主建设，引导不同群体自我协调，实现场员有序参与基层事务和集体合作经济的民主管理。

竹坝农场管委会较好地协调与各级管理部门的关系。在各级政府的支持下，竹坝农场初步理顺了农场管理体制和财政体制，争取各级政府对农场基础建设的支持。仅改制后的管委会人员工资，区财政每年就多支付 100 多万元。

培育多元治理主体，实现社会德治。由于长期以来特殊的扶持和照顾政策，竹坝农场归难侨群体的“等、靠、要”观念较重，一定程度上影响了农场的改革发展。在新时期，竹坝农场通过提供办公场所与扶持引导资金，引入专业社工、法律咨询、互助帮扶等社会组织，培育而非“雇佣”群防群治护村等志愿服务组织，为场员提供参与平台，实现社会自我调节，增强场员归属感和认同感，有利于促进场员自我管理、自我服务，实现“自下而上”的社区治理。[1]

三、突出优势

尽管竹坝农场拥有着独特发展优势，当前面临的问题就是如何凸显优势促进经济发展。

（一）认清优势

竹坝农场的旅游业走的是乡村旅游路线，它区别于其他类型的旅游在于其带来的农业景观、特别的乡村接待和服务及乡村文化的体验。旅游者的审美主要集

[1] 林起哲 . 我国华侨农场管理体制研究：以竹坝华侨农场为例［D］. 厦门：厦门大学，2019.

中在农耕风景的静态美、乡土园艺劳作的动态美。因而，基础核心产品也就是由农村接待和服务、农业景观和乡村文化生活构成。基础核心产品有部分内容属于农业旅游，也是乡村旅游者旅游体验的主要来源。第一，无论是乡村旅游还是城市旅游，都改变不了旅游六要素“食、住、行、游、购、娱”。乡村旅游的要素产品不再局限于农业旅游，也不仅仅是由旅游从业人员来提供，当地的村民作为乡村旅游的受益方之一，也是间接从事乡村旅游的成员。如饮食接待、土特产、特殊民俗活动、工艺品等。旅游者不仅可以直接购买产品和服务，还可以直接参与制作，或者参与垂钓、爬山、划船比赛等户外活动体验。第二，乡村旅游体验具有不同于一般旅游活动的体验延续性。在要素产品中，旅游者亲自耕作农作物，亲手种植花草树木，自己投放鱼苗，烧制瓷器陶器，这些旅游体验都不是一次就可以完成的，需要几次或者更多时间的投入才能看到收获。第三，乡村旅游中的游客，大多来自附近的城市居民，因而乡村旅游要想发展得长远，对于“回头客”的吸引产品是必不可少的。要让乡村旅游者来了一次还想再来、自己来了以后带家人朋友来，这就是综合潜在产品存在的意义。当地政府、当地旅游部门要整理乡村旅游的营销服务渠道，让游客通过各类渠道获得旅游有关信息，例如，特殊节庆的旅游活动安排信息、优惠促销信息、各类增值服务等，以拓宽客源市场。

（二）加大宣传力度

竹坝农场拥有旅游业的大部分优势——交通、地理位置、气候环境、人文艺术等。但是多数人对于竹坝农场的了解并不多，甚至闻所未闻，这对竹坝农场想发展“旅游业”这条道路来说不是件好事。当地媒体报道、自媒体频道宣传、公众号推送、朋友圈宣发力度不足，没有全方位进行深入市场推广。竹坝农场的旅游阶段性过于明显，农场的旅游客源绝大部分来自厦门城区和少数周边地区，客源市场较为狭窄，在厦门以外的地区知名度不高。据了解，竹坝农场的游客95%集中在周末和节假日，而在工作日期间鲜少有人问津，造成了大部分时间设施、食品的闲置和浪费。“酒香也怕巷子深”，最关键的应该在完善竹坝农场基础设施的前提下，做好竹坝农场的宣传工作，以竹坝农场的优势为卖点，尤其是围绕东南亚风情这一独特异域文化，这一新鲜的文化本身就可以吸引住周边的游客。从农场的角度出发，当地经营者和管理者可采用拍宣传短片、短视频广告、派发传单或借助旅行社手段进行宣传。同时，也可建立一个官方网站或者微信、微博平台，来宣传农场的风景、特色和活动等。亦可每周举行一次别出心裁的农家或南洋活动，并对其进行跟进，把游客的活动内容和信息反馈在网络上，供大家评论和咨询，以达到宣传的效果。

通过互联网平台，如各大旅游网站、App或旅游小组进行宣传，并借助厦门这一著名旅游城市让前来厦门的游客产生前往竹坝农场旅游的欲望。与此同时，也要提高竹坝农场的旅游体验，培养竹坝农场的体验口碑。提高当地旅游从业者的职业水平和综合素质。对农场的直接或间接旅游从业人员，要加强各类知识和技能培训，强化服务意识，提高服务技能，优化旅游者旅游体验，提高农场乡村旅游的美誉度。对当前乡村旅游的政策和活动进行多层次和多样性的具体改善，提高基础设施软硬件条件、人员的素质和技能的发展等。当然，这时的前期口碑便显得尤为重要，当竹坝农场的自身形象与招牌确立起来后，游客们自发的推荐便会为竹坝农场的后期宣传节省足够多的成本和精力。

（三）旅游规划清晰化

竹坝农场在现有的旅游规划上缺乏亮点，没有足够吸引人的旅游设施及旅游项目。华侨农场作为以侨文化为卖点的旅游目的地，在旅游生态中缺乏侨民的实际参与，反而是厦门国贸文旅科技有限公司的工作人员成为华侨农场旅游生态的主导，以至于华侨农场在根本上缺乏作为侨文化体验地的氛围。对于前往竹坝的游客来说，没有攻略，没有讲解，更没有独树一帜的特色，竹坝的魅力就不被初次前来的游客充分知晓，许多乘兴而来的游客即使没有败兴而归也不会产生再次前往竹坝农场的欲望。乡村旅游的功能不应局限于饮食和少数娱乐项目，竹坝农场的旅游活动特色不明显，没有形成完整的系统，且在发掘当地归侨南洋民俗风情，以及提高旅游活动的娱乐性和游客的参与体验性等深层次开发方面还有待提高。农场内建设的豪华别墅酒店项目定位与景区的发展方向也不一致。规划应当从农场实际出发，突出南洋特色，在房屋建筑和环境上下功夫，挖掘并发扬南洋民俗文化，提高旅游文化品位和服务档次，增强对旅游者的吸引力。

6-6　竹坝农场停止建设的豪华别墅酒店

同时，竹坝农场旅游部门应与交通部门积极合作，在竹坝农场与市区之间开辟周末或节假日旅游专线，最大限度地体现便捷的特点，解决市民外出旅游为交通而发愁的问题，提高农场的旅游交通的便利程度。

（四）巧借东风

2018年，竹坝农场作为同安区乡村振兴试点开启新的转折点，并朝着良好的方向前进。2019年，竹坝社区顺应乡村振兴的东风创设了“益创竹坝”社工服务项目，分别通过四大板块“益创视觉、益创厨房、益创学院、益创茶室”进行项目的推进。该项目的服务思路是以居民需求为导向，以乡贤能人达人队伍为骨干，以各类居民自治组织为主体，通过党组织统筹，社工助力，激发居民参与社区的动力与活力，共同推进竹坝乡村的振兴与繁荣。

益创竹坝项目是乡村振兴的实时产物，自然体现了乡村振兴的主体内容。第一板块是益创视觉，采用生态、文化振兴的思路，塑造属于自己独有的乡村印象，项目通过“内挖外引”，助力塑造魅力竹坝印象。一是从“一老一少”两个群体入手，引导社区居民挖掘、传承竹坝归侨文化，增强社区居民对竹坝的归属感和自豪感。或通过老故事，挖掘竹坝历史内涵，或运用儿童视角，发掘出竹坝振兴新貌；二是采取从外部引入的方式，运用摄影艺术独特的角度，用镜头刻画、宣扬、塑造竹坝乡村振兴的魅力印象。

第二板块是益创厨房，该项目采用的是产业振兴的思路，这是与竹坝居民相关并能带来实实在在实惠的项目。项目以美食为重点，通过走访挖掘、技术支持、美食输出三个方面，因势利导，助力居民的生计发展。竹坝农场的特色之一就是东南亚风味，如印度尼西亚蕉叶粽、千层糕、九层糕、娘惹糕、咖喱鸡、印度尼西亚大虾片、古早味蛋卷等独具异域的美食。社区工作人员会走访挖掘，梳理美食菜单；提供技术支持，助力美食推广；供需对接，推动美食输出。

第三板块是益创学院，走的是人才振兴道路。乡村振兴规划明确指出，只有培育本土人才，乡村振兴才有可持续性。在社区层面，社工注重在与社区协同服务过程中的专业输出，切实发挥社工在“双社联动”中的专业支撑作用。如开展社工考前培训，“双社联动”共同开展活动，助力社区人居环境提升，开展增能减压小组活动。在居民层面，结合社区居民需要，组织开展针对性的小组活动，切实提升社区居民在亲子沟通、新媒体运用等方面的能力，例如开展青春健康家长培训和开展智能手机学习小组。

第四板块是益创茶室。走的是组织振兴路线。组织振兴是保障，多方协同、居民自治才能使乡村振兴走得更远。社工重点从社区长者入手，搭建长者关爱“季度生日会”平台，培育“艺术人生”居民自发组织，在传达社区关爱的同时，调动社区居民参与社区服务的积极性、主动性。党建引领活动有“携老扶幼”七一建党节主题党日活动，长者关爱活动有“耆乐融融”社区老人季度生日会，骨干团建活动有“情浓中秋爱满侨安”侨安社区中秋团建活动，组织培育活动有“艺术人生”艺术培育小组。

（五）突出特色

乡村旅游在开发过程中一定要深入挖掘当地旅游资源的特色，才能做到“人无我有”“人有我优”“人优我特”。目前，我国多数乡村旅游的开发没有做好专业规划，当地旅游经营者缺乏对乡村旅游的正确认识，对旅游产品的开发也是大同小异，仅仅开发到基础浅层，对旅游者没有持久的吸引力。因而，需要通过不断创新来深度挖掘乡村旅游资源的特色，逐步扩大产业链条，才能开发出更具吸引力的乡村旅游产品。

竹坝农场独具南洋风情，尤其是在南洋风情餐厅，还能欣赏到由当地华侨带来的南洋舞蹈歌曲，前来观光和享用美食的游客可以参与到他们热情洋溢的舞蹈当中。同时，华侨们还带来了各种令人垂涎的美食、糕点和手工艺品，吸引了厦门及周边地区的学生和热爱美食的游客慕名而来。竹坝农场自然而然地形成了一个以南洋风情文化为主题的村落，农场内南洋历史文化博物馆，里面收藏着华侨在归国途中随身携带的行李箱、生活用品、老式农具、服饰等，以供来此参观的游客增加对南洋历史和文化的了解。

以竹坝米酒为例，厦门市同安竹坝华侨酿酒厂成立于 1959 年，位于厦门同安竹坝华侨经济开发区，至今已有 60 年历史，是联合国难民署在华援建项目之一。占地 100 多亩，产品包括白酒、黄酒、露酒 3 大类，20 多个品项。竹坝的历史也就是竹坝酒厂的历史，它同样承担着安置归侨的重任，随竹坝的发展潮起潮落，是竹坝的另一个代名词。

地地道道的竹坝糯米酒，醇厚绵甜，温暖人胃与人心，况且竹坝米酒度数不高，男生女生可以尽情同饮，据说在“大寒”的节气里还能大补元气，更令人叫绝的是如此保健的美酒，一大瓶才几元钱，不过是一瓶可口可乐的价格。

（六）居民积极参与

在竹坝农场建设中，主要由政府主导进行，以人居环境卫生整治为例，在这个过程中会有很多村民过来提意见与建议，甚至工作人员需要了解一些历史情况而询问村民时，村民也会给予相当大的配合，讲述历史用地以及发展历程。从这些都可以看出竹坝农场的民意反映渠道建设是不错的。

2019 年 5 月，由同安区政府相关部门联办的“乡村振兴 · 南洋风情”暨纪念“五四”百年最美乡村越野跑在竹坝农场鸣枪起跑，共有 400 名跑友参与此次比赛，以奋发向上的精神风貌纪念“五四”运动100周年，并在奔跑中感受竹坝迷人的乡村风景。此次赛事分为亲子5千米、成人5千米和成人9千米三个组别，比赛沿途经过刘厝文化园、竹坝农场、南洋生活馆等乡村特色景点。跑友们在两个多小时的奔跑中，感受到竹坝乡村特色人文风光及南洋特色建筑风貌。同时，途中还有各种互动体验，趣味十足。这是同安区连续第二年在竹坝五显片区举行以“乡村振兴”为主题的青年乡村跑活动。许多参赛的选手，在奔跑过程中，已经明显感受到了实施乡村振兴带来的变化。

20世纪末停止办理增员的规定，使得竹坝农场的老龄化现象越来越严重，大多数年轻人属于非职工场员群体，为了生活不得不外出竹坝寻找工作。但有相当一部分的年轻人更愿意留在竹坝农场，为竹坝农场的建设贡献自己的力量。如果可以留住年轻的建设力量，充分发挥当地的侨民文化，营造竹坝农场“侨”字特色，将开发南洋风情旅游业作为重点先导产业，相信可以最大化地利用竹坝优势，推动竹坝农场的可持续化建设。

尽管竹坝农场目前的发展和体制并不完善，存在的问题不少，但是政策的倾斜和国家社会经济的发展，必然会带动竹坝农场走向新征程。特别是厦门国贸控股集团有限公司的加入，为竹坝农场带来了新的力量——人才、资源、资金等，将推动竹坝农场朝着新方向前进，哪怕这期间会经历许多挫折和磨难，但相信依靠群众和政府的支持定能势如破竹，竹坝农场将从当前的境地中走出来，重新焕发新的生机，甚至有望成为同安区的特色旅游地之一，我们对竹坝农场的前景同我们对国家的未来一样充满希冀与期望。

参考文献

［1］拉姆盖 . 泰国华侨华人本头公信仰研究［D］. 北京：北京外国语大学，2016.

［2］耿红卫，刘鑫鑫 . 海外华文教育的办学形式研究［J］. 广州社会主义学院学报，2020（3）.

［3］赵红英，张春旺 . 华侨史概要［M］. 北京：中国华侨出版社，2015.

［4］刘旭 . 抗战中的华侨飞行员［N/OL］. 国防时报（数字版），2019-12-19［2021-06-30］.http://epaper.gfxww.com/20191219/11054. html.

［5］李治 . 南侨机工：中华民族不可或缺的抗战力量［N］. 人民日报（海外版），2015-09-01.

［6］任贵祥 . 华侨与中国民族民主革命［M］. 北京：中央编译出版社，2006.

［7］侯志强，叶新才，陈金华，等 . 华侨华人与侨乡发展［M］. 北京：社会科学文献出版社，2018.

［8］张静芬 . 战后东南亚华人问题的成因及对策［J］. 史学月刊，2000（2）.

［9］朱华友 . 海南华侨农场［M］. 海口：海南出版社，2008.

［10］张晶盈 . 华侨农场归侨的认同困惑与政府的归难侨安置政策［J］. 华侨大学学报（哲学社会科学版），2013（1）.

［11］张仁芳 . 广西武鸣华侨农场纪行［J］. 侨务报，1960（4）.

[12] 方卿 . 发愤图强建设新家园：甘庄华侨农场散记 [J]. 侨务报，1960（7）.

[13] 福建省地方志编纂委员会 . 福建省志・华侨志 [M]. 福州：福建人民出版社，1992.

[14] 周南京 . 华侨华人百科全书：侨乡卷 [M]. 北京：中国华侨出版社，2001.

[15] 郑少智 . 国营华侨农场改革与资产营运模式探讨 [J]. 暨南学报（哲学社会科学版），2003（4）.

[16] 贾大明 . 我国华侨农场管理体制改革探析 [J]. 福建论坛（人文社会科学版），2004（10）.

[17] 熊志灵 . 建国后中国安置归侨工作及特点 [J]. 黑龙江史志，2015（11）.

[18] 林太原，青云，蔡金堆：心中挥之不去的竹坝 [EB/OL].（2013-05-28）[2020-12-25] .http://www.xmqs.org/news-look34.aspx.

[19] 邓永珍 . 天马华侨农场与周边地区社会关系研究 [D]. 泉州：华侨大学，2017.

[20] 许金顶，姜泽华 . 厦门竹坝华侨农场体改及转型对策探析 [J]. 华侨大学学报（哲学社会科学版），2011（1）.

[21] 谢萍 . 同安竹坝华侨农场故事 [EB/OL].（2013-05-28）[2020-12-15]. http：//www.xmqs.org/news-look27.aspx.

[22] 林露虹 . 发挥国企优势 践行社会责任 整合资源发挥特色农业：国贸控股集团打造国内一流乡村振兴样本典范 [N]. 厦门日报，2019-03-29（T07）.

[23] 陈毅明 . 竹坝沧桑：同安竹坝农场归侨口述历史资料 [M]. 北京：海洋出版社，2012.

[24] 陈云云 . 归侨的归属感研究：以广西来宾市华侨农场为例［ J ］. 八桂侨刊，2012（ 2 ）.

[25] 刘朝晖 . 社会记忆与认同建构：松坪归侨社会地区认同的实证剖析［ J ］. 华人华侨历史研究，2003（ 2 ）.

[26] 俞平云 . 一个特殊社区的历史轨迹：松坪华侨农场的发展史［ J ］. 华人华侨历史研究，2003（ 2 ）.

[27] 孙晟 . 重建家园：松坪华侨农场印度尼西亚归侨群体研究［ J ］. 华人华侨历史研究，2003（ 2 ）.

[28] 孔结群 . 难民认同：基于苦难历史记忆、政策及现实利益的想象：以广东省小岭华侨农场为例［ J ］. 华人华侨历史研究，2010（ 1 ）.

[29] 奈仓京子 . 归侨认同意识的形成及其动态:以广东粤海湾华侨农场为例［ J ］. 华侨华人历史研究，2008（ 3 ）.

[30] 侯志强，叶新才，陈金华，等 . 华侨华人与侨乡发展［ M ］. 北京：社会科学文献出版社，2018.

[31] BERTH F. Ethnic Groups and Boundaries：the Social Organization of Culture Difference［ M ］.Boston：Little，Brown and Company ，1969.

[32] 胡修雷 . 从“印度尼西亚村”现象看华侨农场归难侨的文化再适应［ J ］. 世界民族，2017（ 2 ）.

[33] 黄小坚 . 归国华侨的历史与现状［ M ］. 香港:香港社会科学出版社有限公司，2005.

[34] 禾青 . 聚焦“女排十连冠”：记厦门竹坝学校退休教师温文彬［ J ］. 福建基础教育研究，2009（ 3 ）.

[35] 林俊杰 . 华侨农场政策执行状况研究 [D]. 泉州：华侨大学，2014.

[36] 林起哲 . 我国华侨农场管理体制研究：以竹坝华侨农场为例 [D]. 厦门：厦门大学，2019.

[37] 王洪斌 . 新型农村社区社会管理创新“内卷化”及治疗对策 [J]. 中州学刊，2014（2）.

[38] 罗子泓 .“竹坝一台戏”首秀迎新年 [N]. 厦门日报，2020-01-02（A04）.

后 记

《独特的乡村文化形态——竹坝农场》这本书，是集美大学乡村文化研究中心的系列研究成果之一。

竹坝农场是一个非常特殊的地点，从20世纪60年代以来，这个面积不大的农场担负着极为特殊的历史使命，安置了东南亚排华运动中回到国内的侨民。在戴嘉树主任的带领下，我有幸和郑敬夫、费南茜、范玉冰、刘洋、刘莹、尤娴、黄淑娟等人共同组成调研小组，投入竹坝农场的调研工作。

在编撰这本书的前期作业中，团队成员们先跑图书馆档案室，查找华侨农场相关的政府公报以及数据资料，等到手上掌握了一定程度的文献，才着手进行实际田野调查。在竹坝农场综合科叶秋琳主任的倾力协助下，我们分头调研了竹坝农场游客中心、竹坝南洋书屋、越南咖啡馆、栖竹民宿、厦门航天小镇和航天科技博览馆，也经由工作人员郭鹏鹏引荐，采访厦门航天小镇总经理蔡柳，了解航天科技博览馆和航天蔬菜未来发展，同时也从副场长李志荣的介绍中了解竹坝农场实际发展历史和当前状况。真心感谢他们在百忙中抽空给予团队的引荐和协助。

至于对村民口述历史的掌握，团队成员们分组进行了调查采访。透过司机余师傅、温文斌、刘瑞金、张美霞、郑维祥等村民的互动访谈，我们在农场的辉煌荣光外也触碰到居民当前的真实感受。从困扰归侨的土地归属问题、国企进驻后的商业经营模式、侨民传承下来的特殊家族记忆，或者是具有地域特色的饮食文化……这些访谈的内容，都是我们高度重视的口述历史记录，成为本书非常重要的组成资料，感谢受访者热情无私地敞开心扉侃侃而谈，留下了无比珍贵的记录。

完成了这些绵密烦琐的作业后，本书采取了这样的论述结构：

首先从丰富多彩的华侨文化谈起。“华侨文化”是竹坝农场建立差异性的最大特色，也是近年来农场转型发展旅游的文创亮点。厦门作为著名侨乡，向以海纳百川兼容并蓄的包容性著称，竹坝农场的居民祖籍不见得全是福建，但是大多数居民的家族都具有侨居经验。他们的祖辈曾经冒险出海，带着对中国文化的自信眷恋，到印尼、菲律宾等异地艰苦创业，和当地文化碰撞结合出灿烂的花朵。而到了这一辈，子孙又把这种杂糅着中华特色的南洋文化反向带回中国，再度和闽南地区民俗文化有机融合。农场内五彩斑斓的多元异质文化，恰恰承载了南洋华侨好几代人的家族印记，层层叠叠地展示了近代移民的历史。

华侨农场是特殊历史时期的特殊产物。新中国成立急需人才，侨胞们纷纷加入建设祖国的行列，而 20 世纪 50 年代后期，在冷战国际局势下，东南亚各国爆发了排华风潮，竹坝农场就是为了安置接待归国华侨而设立的。竹坝农场在设立之初是一派荒烟蔓草的景象，是归国华侨用双手开垦出今日的天地。然而，当计划经济体制结束，实行市场经济体制后，作为政策扶持的侨民和竹坝本地住民的隔阂如何磨合？农场资源该怎样分配以创造双赢？这都是竹坝农场必须面对的现实问题，因此我们从不同历史时期的经济政策谈起，一步步了解农场的现有资源概况以及历史成因。

而在现有研究的基础上，团队成员们进一步采集挖掘竹坝居民的口述历史，在闲谈中进一步了解竹坝居民对于过去的缅怀、对于当前生活的抱怨及规划，以及对于未来的憧憬想象。这是我们调研工作中最有趣也最艰辛的部分。大写的历史往往是冰冷的数据资料还有官方公告，但是竹坝居民们各有各的辗转流离的家族故事，有笑有泪有滋有味，正是这种充满了人的温度的、个体的小写历史，提供了我们由下往上的观看视角，补充了大历史大叙述所无法填补的空缺，具体充实了这本书的血肉。

在戴嘉树主任的带领下，竹坝农场调研小组历经了从前期文献资料收集到后期的田野调查，再到后来成书的反复修改和讨论。这个从无到有的过程虽然艰辛，但是在将近一年的过程中，调研小组成员通过讨论对话，不断调整修正，让竹坝人和华侨历史逐渐丰盈成型，这个觉知的过程让我们收获满满，伙伴们也在工作中建立起深厚情谊。能够有机会和这么优秀的团队共事，我觉得非常荣幸，希望我们的调研成果，能够对竹坝农场的前景和永续发展提供绵薄之力。

集美大学乡村文化研究中心　吕明纯